PETIT SOLFÉGE

MÉLODIQUE ET PROGRESSIF

PAR

ÉDOUARD BATISTE.

professeur de Solfége individuel et collectif au Conservatoire,
Organiste du Grand Orgue de St Eustache.

A la portée des **JEUNES VOIX**, à l'usage de sa
Classe chorale du Conservatoire.

Hommage à Mr **D. E. F. AUBER** de l'Institut,
Directeur du Conservatoire.

PRINCIPES PRÉLIMINAIRES DE MUSIQUE.

On écrit la musique sur cinq lignes, formant quatre interlignes que l'on nomme PORTÉE MUSICALE
La 1re ligne de la *portée* est celle du bas.

EXEMPLE.

5e ligne.	4e interligne.
4e ligne.	3e interligne.
3e ligne.	2e interligne.
2e ligne.	1re interligne.
1re ligne.	

Les sons musicaux sont représentés par des signes appelés **NOTES**.

Les notes se placent sur les lignes et entre les lignes de la *portée*.

On peut aussi augmenter l'étendue de la portée en lui adjoignant de petites lignes *additionnelles* ou *supplémentaires* sur lesquelles et entre lesquelles on place également les notes.

EXEMPLE.

Il y a sept notes appelées *ut* ou *do, ré, mi, fa, sol, la, si*, dont l'intonation s'élève, ou s'abaisse graduellement si on les prend dans l'ordre inverse: *si, la, sol, fa, mi, ré, do* ou *ut*.

Lorsque la série de ces sept notes est épuisée, soit en montant, soit en descendant, on reprend les mêmes noms de notes pour continuer dans le même ordre une nouvelle progression ascendante ou descendante. Dans ce cas, le 8me son est la répétition du 1er dont il conserve le nom primitif en raison de la grande analogie qui existe entre eux pour l'intonation.

On appelle: *Gamme diatonique ascendante* une série de huit notes se succédant dans l'ordre naturel suivant: *do, ré, mi, fa, sol, la, si, do.*

et *Gamme diatonique descendante* cette même série de huit notes se succédant dans l'ordre inverse: *do, si, la, sol, fa, mi, ré, do.*

Paris, AU MÉNESTREL, rue Vivienne, 2bis   (Bandon, Grav:)   Imp: Michelet, rue de Hazard, 6.

Les notes *do, ré, mi, fa, sol, la, si, do,* peuvent changer de place, c'est à dire de numéro d'ordre. L'*ut* ou *do* par exemple, ainsi qu'on le verra plus tard, pouvant cesser d'être 1.ᵉʳ degré pour devenir 2.ᵉ, 3.ᵉ, 4.ᵉ, 5.ᵉ, 6.ᵉ ou 7.ᵉ degré d'une autre gamme et de même pour les autres notes, il est devenu indispensable de donner à chaque son une désignation fixe, immuable qui indique en même temps la place et le caractère particulier de chaque degré de la gamme.

Le premier degré (*ut* ou *do*) a été appelé TONIQUE, note fondamentale du ton; le second (*ré*) SUS-TONIQUE; le troisième (*mi*) MÉDIANTE; le quatrième (*fa*) SOUS-DOMINANTE, qui amène et fait désirer dans la gamme descendante, la *médiante*, le cinquième (*sol*) DOMINANTE; le sixième (*la*) SUS-DOMINANTE; le septième (*si*) NOTE SENSIBLE, qui amène et fait désirer dans la gamme ascendante, le retour de la première note. TONIQUE, au huitième degré de la gamme.

La gamme diatonique repose sur l'accord parfait qui en est la base fondamentale. Cet accord parfait, composé de la tonique, de la médiante et de la dominante, et qui se complète par le retour de la tonique,

EXEMPLE.

Tonique.　　Médiante.　　Dominante.　　Tonique.

DO　　　　MI　　　　SOL　　　　DO

embrasse en effet l'échelle complète de la gamme et en résume les principaux jalons. Pour s'en convaincre, il suffira de remplir les intervalles qui séparent les notes de l'accord parfait par les notes intermédiaires de la gamme.

EXEMPLE.

Cet accord parfait résonne dans tous les corps sonores mis en vibration; il est la vraie base fondamentale, naturelle, de toute musique, et c'est pourquoi il importe d'en faire la base de l'enseignement du solfége. Aussi conseillons-nous, avant toute autre chose, de faire solfier, chaque jour, les notes de l'accord parfait, successivement et simultanément (si plusieurs voix se trouvent réunies,) afin d'en bien communiquer aux élèves le sentiment mélodique et harmonique. Les notes intermédiaires se placeront ensuite d'elles-mêmes, et il importera aussi dès le début, de faire apprécier aux élèves l'attraction ascendante de la 7.ᵉ note (*sensible*) vers la 8.ᵉ note (*tonique*) et l'attraction descendante de la 4.ᵉ note (*sous-dominante*) sur la 3.ᵉ note (*médiante*) de la sorte le sentiment de la tonalité se développera de lui-même et l'élève s'y trouvera tout préparé lorsque les leçons et une théorie spéciales lui en feront comprendre toute l'importance.

On nomme CLEF le signe qui se place au commencement de la portée.

La *clef* donne son nom à la note placée sur la même ligne qu'elle et détermine ainsi les noms qu'il faut donner aux notes.

Il y a trois sortes de clefs, la clef de *sol* 𝄞, la clef d'*ut* 𝄡, et la clef de *fa* 𝄢. Chacune de ces clefs peut être posée sur différentes lignes. Les deux clefs les plus usitées sont la clef de *sol* 2.ᵉ ligne et la clef de *fa* 4.ᵉ ligne.

EXEMPLE.

Clef de *sol* 2.ᵉ　　　　SOL　　　P. (1)　　　　Clef de *fa* 4.ᵉ　　　　FA

On appelle **ÉCHELLE MUSICALE** la réunion de tous les sons depuis le plus grave jusqu'au plus aigu. On divise *l'échelle musicale* en trois sections ou registres: le **GRAVE** (les sons du bas); le **MÉDIUM** (les sons du milieu); et l'**AIGU** (les sons du haut).

Les notes n'ont pas toujours la même valeur ou la même durée. On indique ces diverses valeurs en donnant à chacune d'elles une figure particulière. Ces figures sont au nombre de sept et peuvent s'étendre au-delà de la quadruple croche. Les valeurs de notes empruntent leurs noms à la forme des notes et non à leur durée, ce qui explique pourquoi la double croche vaut moins que la croche.

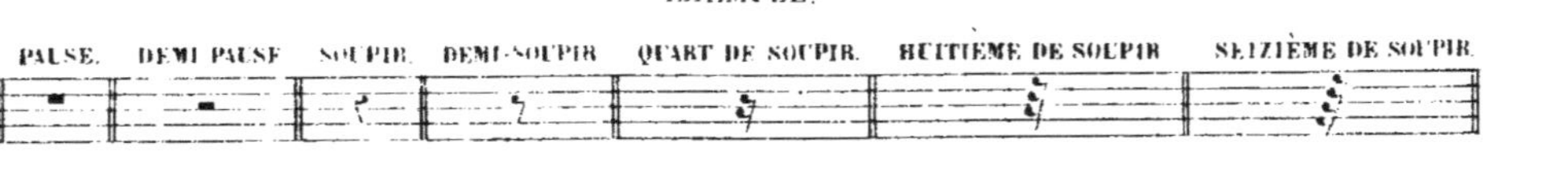

Pour obtenir une interruption momentanée des sons on emploie des **SILENCES**. Chaque valeur de note est représentée par un *silence* spécial. Il y a donc sept figures de silences correspondant aux sept figures de notes.

EXEMPLE:

TABLEAU COMPARATIF DES DIVERSES VALEURS ENTRE ELLES.

Ainsi qu'on le voit dans le tableau ci-dessus, les croches, doubles, triples et quadruples croches se représentent de deux manières, *isolées* avec des crochets simples, doubles, triples et quadruples ou *réunies* par des barres continues.

Le rapport de valeur des silences entre eux, depuis la pause jusqu'au seizième de soupir, est le même que le rapport de la ronde avec ses subdivisions.

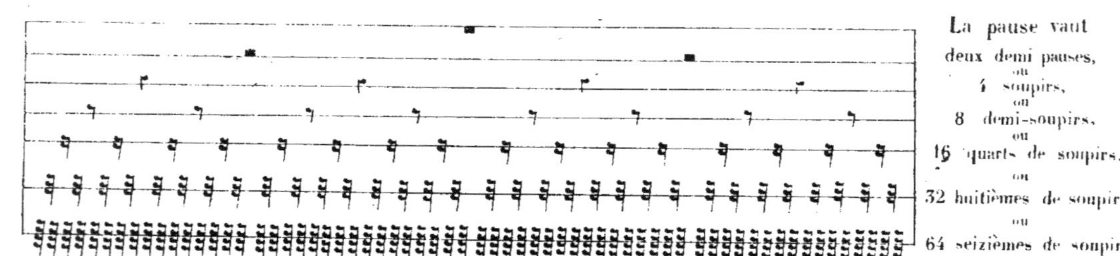

On appelle **MESURE** la division d'un morceau en diverses parties d'égale durée, que l'on nomme *temps*. Il y a trois sortes de *mesures* qui se frappent comme il suit par des mouvements de la main ou du pied.

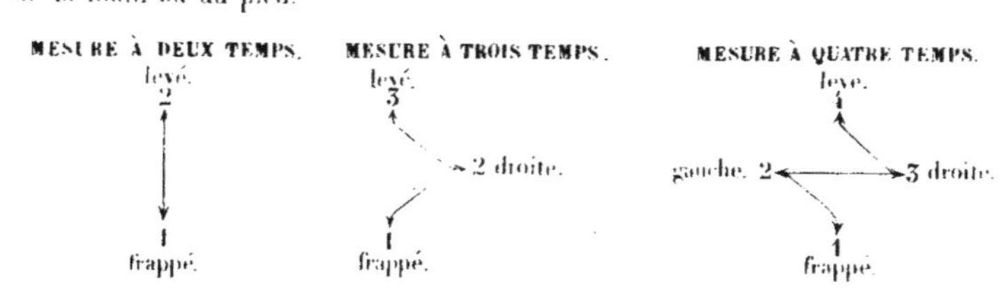

Cela s'appelle *battre la mesure*.

Les mesures sont figurées par des lignes verticales que l'on nomme *barres de mesures* et qui divisent la portée de distance en distance. L'espace compris entre deux barres forment une mesure et chacune de ces mesures doit contenir, en notes ou en silences, une somme égale de valeurs.

Dans les tableaux et leçons qui vont suivre les virgules indiquent les respirations, il faut les observer au début, que l'on ait, ou non, besoin de respirer; elles ménagent la voix et marquent la ponctuation musicale. Il faut aussi dès le début: 1°. S'appliquer à bien émettre les sons, sans ouvrir démesurément la bouche; 2°. Chercher la bonne qualité, la tenue et la justesse du son pendant toute la durée de chaque note; 3°. Articuler nettement, en chantant, les noms des notes, sans grasseyement ni sifflement; 4°. Éviter les sons de gorge, du nez, toutes contractions et grimaces inutiles. On se préparera de la sorte à l'étude du **CHANT** proprement dit, au lieu de contracter, par le **SOLFÉGE** des habitudes impossibles à détruire plus-tard. **SOLFIER** c'est chanter la musique en nommant les notes.

La gamme majeure est formée de cinq *tons* et de deux *demi-tons*. Les deux demi-tons sont placés du 3.e au 4.e degré (3.e et 4.e notes)*mi.fa.* et du 7.e au 8.e degré (7.e et 8.e notes)*si. do.*

On appelle *ton* et *demi-ton* la distance plus ou moins grande qui sépare les notes de la gamme. Ainsi la distance de *mi* à *fa* et celle du *si* à l'*ut*, étant de moitié moins grande que la distance qui sépare toutes les autres notes de la gamme, se désigne par le mot *demi-ton*.

ÉTUDE DE LA MESURE À QUATRE TEMS MARQUÉE PAR UN C.

Cette mesure contient une *ronde* pour la mesure entière et une *noire* pour chacun des temps. La ronde se divise en deux *blanches*, la *blanche* en deux *noires* et chaque *noire* en deux *croches*. Lorsque plusieurs croches, doubles, triples ou quadruples croches appartiennent à un même temps ou à une même syllabe chantée, on les réunit au moyen d barres au lieu de les isoler par des crochets. Ce moyen est de beaucoup préférable, parce que réunissant en un seul groupe les notes d'un même temps, il en fait plus rapidement comprendre la division et rend ainsi la lecture musicale plus claire.

Il faut compter les *silences* à haute voix au début et à la fin de chaque exercice et frapper la mesure en chantant. Plus tard on devra, au contraire, exécuter chaque exercice sans compter ni frapper la mesure et sans accompagnement, afin d'habituer la pensée à diviser seule le temps et l'oreille à soutenir l'intonation sans le secours d'un instrument.(Voir le 1.er tableau,page 2)

Dans la gamme *descendante* les cinq tons et les deux demi-tons conservent les mêmes places que dans la gamme *ascendante*. C'est cet ordre régulier et absolu des *tons* et *demi-tons* qui constitue ce qu'on appelle, en musique, le *mode majeur*, et c'est pourquoi il est utile dès les premières leçons de bien faire saisir à l'élève la différence qui existe entre un *ton* et un *demi-ton*, la place fixe des deux *demi-tons* de la gamme majeure et la propension naturelle du *si* (sensible) vers l'*ut* (tonique) et du *fa* (sous dominante) sur le *mi* (médiante) On posera ainsi les bases de la tonalité dont le sentiment seul fait des musiciens. Et à ce même sujet, il sera indispensable de bien faire comprendre aussi le caractère particulier de chacun des autres sons de la gamme, notamment l'accent fondamental de la *tonique*, le caractère dominant de la *dominante* et celui tout intermédiaire de la *médiante*.

(Voir le 2.e tableau, page 3)

Il faut observer avec un très grand soin l'exactitude des valeurs, c'est à dire n'augmenter ni diminuer la durée des notes ou des silences, pas plus qu'il ne faut abaisser ou élever l'intonation d'un son pendant toute sa durée. L'élève devra donc tenir chaque note pendant sa durée exacte et compter chaque silence d'une manière également ponctuelle.

L'étude des silences, en musique, est aussi importante que celle des notes. Il faudra d'abord compter les silences à haute voix, puis les observer silencieusement et arriver même à ne plus battre la mesure que mentalement.(Voir les 3.e et 4.e tableaux,pages 4 et 5)

Pour que le *rhythme* mesuré d'un morceau soit bien compris, certains temps de la mesure doivent être plus marqués, plus accentués que les autres, c'est ce qu'on appelle *temps forts* et *temps faibles*. Dans la mesure à *deux temps*, le 1.er temps est fort et le 2.e est faible. Dans la mesure à *trois temps*, le 1.er temps est fort et les deux autres sont faibles. Dans la mesure à *quatre temps*, le 1.er est fort, le 2.e est faible, le 3.e est demi-fort et le 4.e est faible. En résumé dans toutes les mesures le 1.er temps est fort parce que c'est celui qui marque le commencement de la mesure. Il faut bien se garder d'exagérer cette accentuation, tout en l'observant rigoureusement pendant les premières études.

DES MOUVEMENTS.

Les diverses valeurs n'ont qu'une durée relative indiquée par le mouvement à donner au morceau que l'on doit exécuter.

Ce mouvement est généralement indiqué par des mots italiens qui en indiquent aussi le caractère. Voici les principaux termes employés à ce double usage.

Largo,	Largement.	*Presto,*	Vite
Larghetto,	Moins lent que *Largo.*	*Prestissimo,*	Très vite.
Grave,	Gravement.	*Amoroso,*	Avec tendresse.
Lento,	Lent.	*Affettuoso,*	Affectueusement.
Maestoso,	Majestueux.	*Grazioso,*	Gracieusement.
Adagio,	Posément.	*Scherzo* ou *Scherzando,*	En badinant.
Andante (And.) ,	Allant, d'un mouvement modéré.	*Con brio,*	D'une manière brillante.
Andantino (And.).	Un peu moins lent qu'*Andante.*	*Con espressione,*	Avec expression.
Moderato (Mod.),	Modéré.	*Con anima,*	Avec âme.
Cantabile,	Facile à chanter.	*Con dolore,*	Avec douleur.
Sostenuto,	Soutenu.	*Con fuoco,*	Avec feu.
Tempo giusto,	Temps juste, ni trop vite, ni trop lent.	*Con moto,*	Avec mouvement.
Allegro (All.),	Gaiement, Animé.	*Risoluto,*	Avec résolution.
Allegretto (All.),	Moins vite qu'*Allegro.*	*Agitato,*	Avec agitation.
Vivace,	Vivement.	*Ad libitum* (Ad lib.),	A volonté.

On modifie en outre ces diverses expressions par les mots suivants: *un poco,* un peu ; *non troppo,* pas trop ; *molto,* beaucoup ; *assai,* plus accentué que *molto; più,* plus; *più mosso,* plus animé, etc. etc.

On indique aussi chaque mouvement d'une manière très précise au moyen du MÉTRONOME, en mettant au commencement du morceau une figure de *note* représentant une partie de la mesure et à côté de cette note même un chiffre correspondant à l'un des battements du *Métronome.* Exemple: (♩ = 72), ce qui veut dire que chaque battement du métronome, le balancier étant fixé au N° 72, donne la durée d'une noire de chaque mesure dans le mouvement indiqué ci-dessus.

DES INTERVALLES.

On appelle *intervalle* la distance d'un son à un autre son plus élevé ou plus grave.

Deux notes du même nom, de même intonation, placées sur la même ligne, forment ce que l'on appelle UNISSON.

Les intervalles tirent leurs noms du nombre même de degrés diatoniques dont ils sont composés. Ainsi l'intervalle de *seconde* est formé de deux degrés qui se touchent.

(Voir les 5e et 6e tableaux, pages 6 et 7)

LEÇONS SUR L'INTERVALLE DE SECONDE.

(Après l'étude des six premiers tableaux .)

Pour éviter la monotonie, exercer l'intelligence et développer le sentiment musical de l'élève, nous avons fait suivre chaque tableau de petites leçons applicatives de chaque difficulté et dans ces petites leçons nous avons modulé, sans altération des notes du chant, laissant à l'accompagnement le soin de formuler ces modulations plus ou moins passagères.

C'est au professeur qu'il appartiendra de décider si l'élève est assez bien organisé pour aborder immédiatement les leçons modulées . Il sera souvent préférable d'atten_ dre que le sentiment de la tonalité de la seule gamme d'*ut* se soit bien développé chez lui par l'étude des tableaux .

Les respirations, indiquées ici de deux en deux mesures pourront être plus tard re_ portées de quatre en quatre mesures, selon les forces de l'élève qui doit bien s'attacher a ménager la voix et à respirer sans effort, d'une manière presque imperceptible à l'oreille .

La mesure à *quatre temps* marquée par un C devient mesure à *deux temps* lorsque le C est barré ainsi ₵. Elle se compose toujours d'une *ronde* pour la mesure entière et chaque temps est représenté par *une blanche*. Tous les exercices qui précèdent et suivent de_ vront être chantés alternativement à 2 et à 4 temps et dans différents mouvements de me_ sure, c'est-à-dire plus ou moins vite, mais en observant rigoureusement jusqu'à la fin de chaque leçon le mouvement pris comme point de départ.

Bien que les respirations ne soient indiquées ici que de 4 en 4 mesures, l'élève pourra, dans le début, prendre des demi-respirations après chaque 2ᵉ mesure.

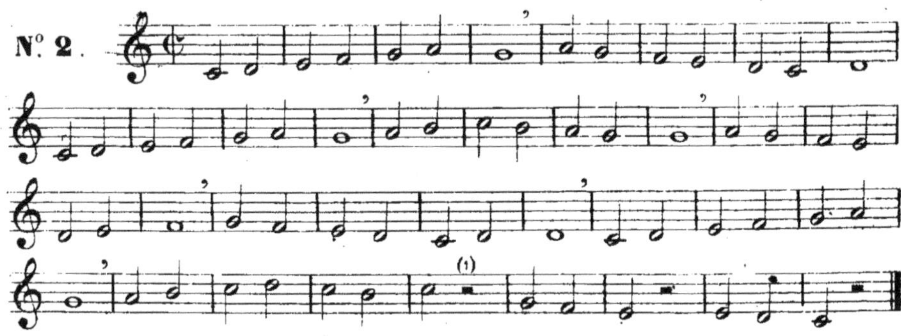

(1) *Les silences indiquent naturellement les respirations.*   H.5215.(1) P.

L'intervalle de *tierce* est formé de trois degrés.

Les notes peuvent se succéder par degrés *conjoints* ou par degrés *disjoints*.

On appelle degré *conjoint* l'intervalle dont les deux sons se touchent immédiate-ment, soit en montant comme *do, ré; ré, mi;* etc. ou soit en descendant comme *do, si; si, la;* etc.

On appelle degré *disjoint* l'intervalle formé par deux sons qui sont séparés par des notes intermédiaires tels que *do, mi; do, fa; sol, ré; la, do;* etc. (Voyez les 7e et 8e tableaux, pages 8 et 9)

LEÇONS SUR L'INTERVALLE DE TIERCE.

Après l'étude des 7e et 8e tableaux.

L'élève pourra, dans le début, prendre des demi-respirations après chaque 2e mesure.

L'intervalle de *quarte* est formé de quatre degrés.

L'intonation de la quarte *fa-si*, est difficile. Il faudra apporter un soin tout particulier dans l'intonation de cette quarte.

La quarte *fa-si* se compose de deux sons d'un caractère suspensif, ayant de plus une propension complètement opposée — le *fa* tendant à descendre sur le *mi* tandis que le *si* appelle l'*ut* placé au dessus.   (Voir les 9ᵉ et 10ᵉ tableaux, pages 10 et 11.)

LEÇONS SUR L'INTERVALLE DE QUARTE
(Après l'étude des 9ᵉ et 10ᵉ tableaux.)

L'intervalle de *quinte* est formé de cinq degrés.

Il faut faire attention à la justesse d'intonnation de la quinte *si*, *fa*, par les raisons déjà données pour la quarte *fa*, *si*.   (Voir les 11e et 12e tableaux, pages 12 et 15.)

LEÇONS SUR L'INTERVALLE DE QUINTE

(Après l'étude des 11e et 12e tableaux)

L'intervalle de *sixte* est formé de six degrés.   (Voir les 13⁰ et 14⁰ tableaux, pages 14 et 15.)

LEÇONS SUR L'INTERVALLE DE SIXTE.

(Après l'étude des 13⁰ et 14⁰ tableaux)

L'intervalle de *septième* est formé de sept degrés.　　(Voir le 15ᵉ tableau, page 16.)

LEÇONS SUR L'INTERVALLE DE SEPTIÈME.
(Après l'étude du 15ᵉ tableau.)

L'intervalle d'*octave* est formé de huit degrés. C'est le retour à huit degrés de dis-tance, d'une note grave à la même note aiguë et *vice versa*. Le même son se produit à une octave près et cette identité de sonorité trouve sa preuve matérielle ou acoustique dans les voix d'enfants ou de femmes dont le timbre particulier donne naturellement *l'octave* des voix d'hommes.　　(Voir le 16ᵉ tableau, page 17.)

LEÇONS SUR L'INTERVALLE D'OCTAVE
(Après l'étude du 16ᵉ tableau.)

(Voir les 17ᵐ et 18ᵐ tableaux, page 18 et 19.)

L'intervalle de *neuvième* est formé de neuf degrés.

Tous les intervalles qui excèdent l'*octave* sont les répliques d'intervalles déjà entendus.

La neuvième est la réplique, à une octave plus haut ou plus bas, de l'intervalle de seconde.

EXEMPLE.

(Voir le 19ᵉ tableau, page 20.)

LEÇONS SUR L'INTERVALLE DE NEUVIÈME
(Après l'étude du 19ᵉ tableau.)

En retirant le nombre 7 du chiffre représentant un intervalle qui excède l'octave on retrouve le chiffre de l'intervalle dont il est la réplique. Ôtez 7 de 9 il reste deux, la *neuvième* est la réplique de la *seconde*.

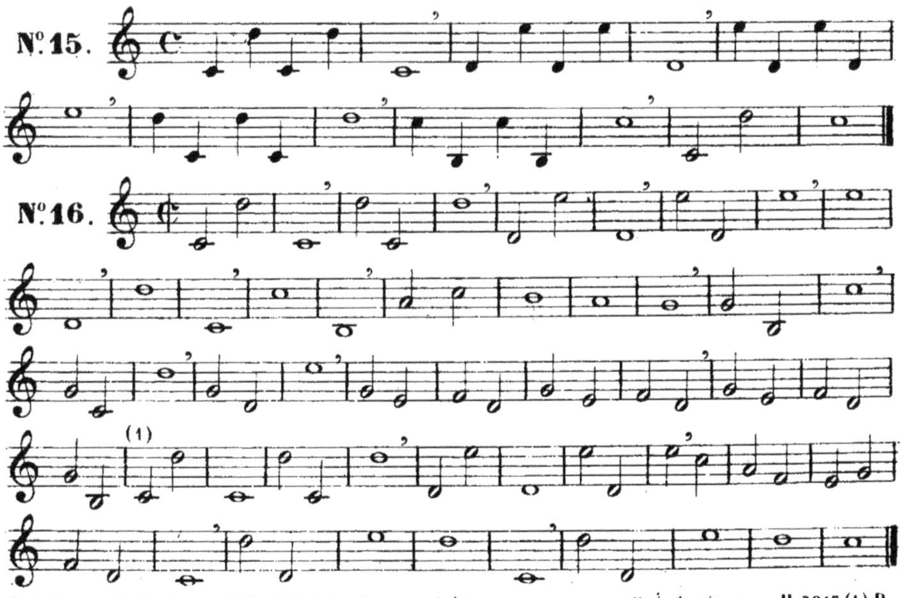

(1) Mesure de double emploi, qui finit la phrase précédente et commence celle qui suit.   H.3215 (1) P.

L'intervalle de *dixième* est formé de dix degrés.

La *dixième* est la réplique à une octave plus haut ou plus bas de l'intervalle de tierce.

EXEMPLE.

(Voir le 20.e tableau, page 21.)

LEÇONS SUR L'INTERVALLE DE DIXIÈME
(Après l'étude du 20.e tableau)

En ôtant 7 de 10 il reste 3, la *dixième* est la réplique de la *tierce*.

On fait l'opération contraire, lorsque l'on a un intervalle contenu dans une octave, en ajoutant 7 au chiffre de l'intervalle primitif. Par ce calcul, on voit que la seconde devient une neuvième; la tierce une dixième; la quarte une onzième; la quinte une douzième; la sixte une treizième; la septième une quatorzième; et l'octave une quinzième.

N.º 17.

RÉSUMÉ DE TOUS LES INTERVALLES.

N.º 18.

DU POINT.

Le *point*, placé après une note, augmente cette note de la moitié de sa valeur primitive. Ainsi la ronde qui vaut deux blanches en vaut trois lorsqu'elle est suivie d'un point; la blanche pointée trois noires; la noire pointée trois croches.

EXEMPLE.

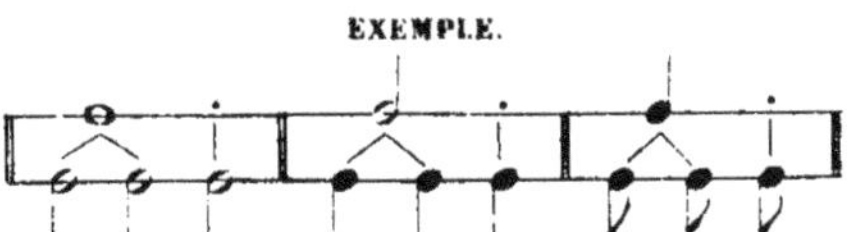

Lorsque l'on place deux points après une note, le second point vaut la moitié du premier point, c'est à dire que le second point augmente la note d'un quart de sa valeur primitive. La ronde suivie de deux points vaut trois blanches et une noire, la blanche suivie de deux points trois noires et une croche.

EXEMPLE.

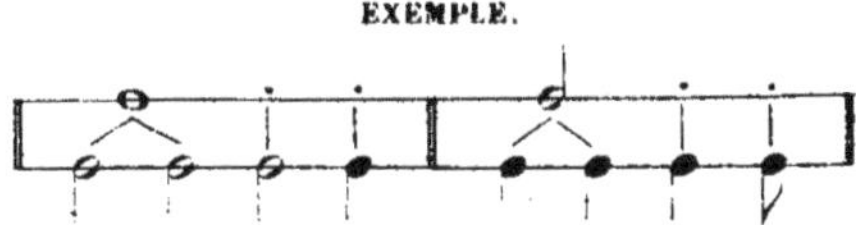

On place parfois trois points après une note, le troisième point vaut la moitié du second, il augmente ainsi la note d'un huitième de sa valeur primitive.

EXEMPLE.

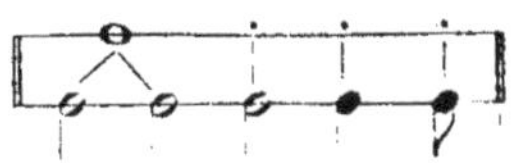

On place aussi des points après les silences mais seulement à partir du soupir, leur effet est le même qu'après les notes.

EXEMPLE.

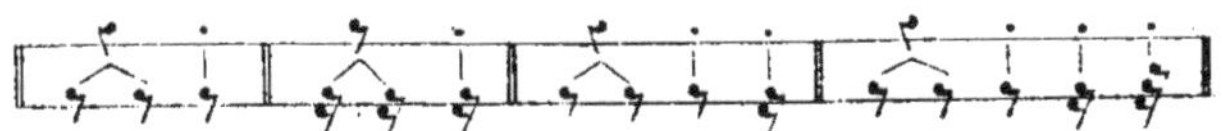

On ne place pas de point après la pause, parceque la pause qui représente une ronde représente aussi le *silence complet* d'une mesure, quelle qu'en soit la composition (Cet usage ne s'applique qu'aux mesures usitées dans la musique moderne et dont la valeur totale n'excède pas une ronde pointée.) On ne place pas non plus de point après la demi-pause, qui représente une blanche, parceque l'usage a consacré d'employer ce silence pour représenter la 1re ou 2de moitié des mesures marquées par un C ou par un ₵.

(Voir les 21e et 22e tableaux, pages 22 et 23)

BÂTON DE DEUX PAUSES. BÂTON DE QUATRE PAUSES.

Outre les silences dont il a été parlé aux principes préliminaires, il y a encore deux autres figures de silence: le *bâton de deux pauses* qui vaut deux rondes et le *bâton de quatre pauses* qui en vaut quatre. On se sert de ces deux silences pour indiquer, plus brièvement un certain nombre de mesures à compter EX. Par abréviation on place plus généralement au milieu de la mesure, deux barres transversales au dessus desquelles EX. on indique le nombre de mesures de pauses à compter.

LEÇONS SUR LES NOTES POINTÉES.

(Après l'étude des 21ᵉ et 22ᵉ tableaux.)

(1) Mesure de double emploi, qui finit la phrase précédente et commence celle qui suit.

(1) On donne le nom de *Coda* à une période finale ajoutée à un morceau, lorsque la conclusion naturelle a eu lieu.

H. 3213.(1) P.

DES SIGNES D'ALTÉRATION.

Toutes les leçons qui précèdent ne contiennent dans le chant aucune note étrangère à la gamme diatonique d'*ut* naturel, mode majeur. Cependant les sept notes de la gamme naturelle peuvent être modifiées dans leur intonation première au moyen de *signes d'altération* qui sont le *dièze* ♯, le *bémol* ♭ et le *bécarre* ♮.

Le ♯ sert à hausser d'un demi-ton *chromatique* la note devant laquelle il est placé.

Le ♭ au contraire sert à baisser d'un demi-ton *chromatique* la note devant laquelle il est placé.

Quant au ♮ il remet dans son ton naturel la note précédemment altérée par un ♯ ou par un ♭.

Il y a sept dièzes qui se succèdent par quinte juste en montant, ou par quarte juste en descendant, en commençant par le *fa*.

EXEMPLE.

Il y a sept bémols qui se succèdent par quinte juste en descendant, ou par quarte juste en montant, en commençant par le *si*.

EXEMPLE.

L'élève remarquera que les sept ♯ et les sept ♭ portent les sept mêmes noms pris dans l'ordre inverse.

EXEMPLE { *Dièzes:* FA _ DO _ SOL _ RÉ _ LA _ MI _ SI.
{ *Bémols:* SI _ MI _ LA _ RÉ _ SOL _ DO _ FA.

Il existe deux autres signes d'altération d'un usage moins fréquent, le *double dièze* ✕ ou 𝄪 et le *double bémol* ♭♭. Le double dièze sert à hausser d'un nouveau demi-ton chromatique la note déjà dièzée. Le double bémol sert à baisser d'un nouveau demi-ton chromatique la note déjà bémolisée.

Les signes d'altération placés devant une note altèrent cette note, et toutes celles de même dénomination qui peuvent suivre dans la même mesure pendant toute la durée de cette mesure, à moins que le ♮ ne vienne rendre à la note altérée son ton naturel. Cette modification du son naturel n'étant que momentanée on donne dans ce cas au ♯ et au ♭ le nom de *signes accidentels*.

DES TONS ET DES DEMI-TONS.

Ainsi qu'on l'a vu par l'étude de la gamme d'*ut* toutes les notes ne sont pas entre elles à une égale distance, puisque cette gamme procède par cinq *tons* et par deux *demi-tons*. Le *ton* est le plus grand intervalle diatonique conjoint, il se divise en deux demi-tons, l'un *diatonique*, l'autre *chromatique*.

Le demi-ton *diatonique* est formé par deux notes de noms différents: *mi, fa; si, ut; fa♯, sol; sol, la♭*; etc. le demi-ton *chromatique* au contraire est formé par deux notes du même nom: *ut, ut♯; mi, mi♭*; etc.

DES GAMMES.

Il y a deux espèces de gammes: les *gammes diatoniques* et les *gammes chromatiques*.

Les gammes diatoniques procèdent par tons et par demi-tons diatoniques; les gammes chromatiques par demi-tons chromatiques et diatoniques.

La gamme chromatique n'est autre chose qu'une gamme diatonique dans laquelle on fait entendre, entre les sons placés à la distance d'un ton, la note qui forme le demi-ton chromatique intermédiaire. On donne à ces notes, étrangères à la gamme diatonique, le nom de *notes chromatiques* et l'on appelle *notes diatoniques* toutes celles qui font partie essentielle de la gamme diatonique.

Les notes chromatiques ne peuvent donc se placer qu'entre deux degrés diatoniques formant un ton et la gamme chromatique, qui dérive d'une gamme diatonique, ne peut renfermer que cinq notes chromatiques qui prennent leur place entre les cinq tons de la gamme diatonique.

Les notes chromatiques sont divisées en deux classes: les *chromatiques ascendantes* et les *chromatiques descendantes*.

Dans la gamme chromatique d'*ut*, les cinq notes: *ut* ♯, *ré* ♯, *fa* ♯, *sol* ♯, *la* ♯, sont appelées *chromatiques ascendantes* parce qu'elles tendent à monter; les cinq notes: *si* ♭, *la* ♭, *sol* ♭, *mi* ♭, *ré* ♭, sont appelées *chromatiques descendantes* parcequ'elles tendent à descendre.

EXEMPLE.

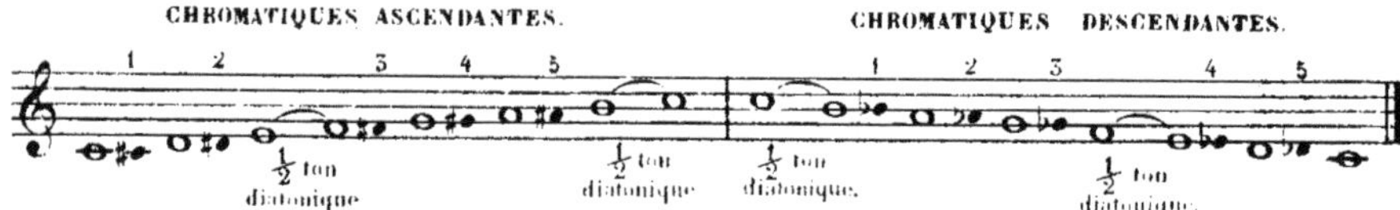

La gamme chromatique, formée de treize sons, est composée de douze demi-tons, cinq chromatiques et sept diatoniques.

On donne avec raison le nom de *diatoniques* aux demi-tons formés par deux notes de noms différents, parce que l'on peut toujours trouver ces demi-tons dans une gamme diatonique, et le nom de *chromatiques* aux demi-tons formés par deux notes de noms semblables parce que ces demi-tons ne se rencontrent jamais que dans les gammes chromatiques.

En acoustique le *ton* est divisé en neuf parties que l'on nomme *comma* et les demi-tons ne sont pas égaux. Le demi-ton diatonique est le plus petit, il est composé de quatre commas; le demi-ton chromatique est le plus grand il est composé de cinq commas, mais ce sont là des différences infiniment petites et presque imperceptibles à l'oreille.

GAMME CHROMATIQUE ASCENDANTE ET DESCENDANTE.

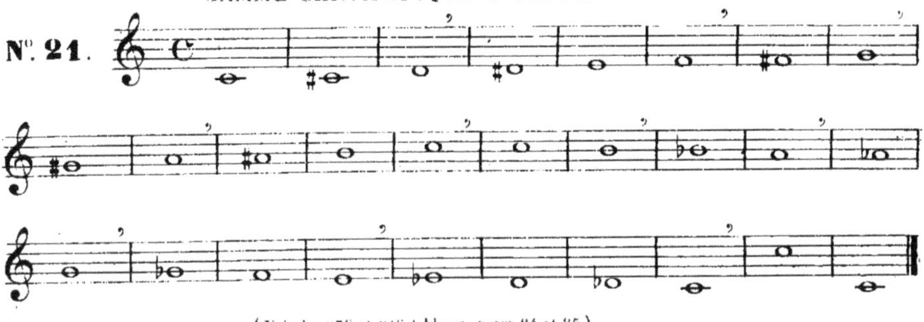

(Voir les 23e et 24e tableaux, pages 24 et 25)

LEÇONS SUR LES INTONATIONS DE LA GAMME CHROMATIQUE.

(Après l'étude des 23e et 24e tableaux.)

Il faut que l'élève *s'écoute* en chantant pour s'assurer de la justesse irréprocha_ ble de ses intonations comme de la parfaite régularité des valeurs.

Il faut chanter les leçons lentement d'abord, puis un peu plus vite ensuite et ne passer à la leçon suivante que lorsque chaque nouvelle difficulté aura été bien comprise et bien exécutée.

Je ne saurais trop recommander au professeur, à l'élève, de chercher la perfec_ tion dès le début. Une leçon de solfége est un morceau de chant où le nom des notes remplace les paroles. Il faut donc s'habituer de suite à chanter avec goût, avec in_ telligence, à ne respirer que lorsque la phrase musicale le demande. Alors le sentiment de l'art se développe et l'élève devient artiste au lieu de n'être, selon l'expression de J. J. ROUSSEAU qu'un inintelligent *croque-sol*. Les respirations sont trop multi_ pliées dans cette gamme chromatique, c'est à l'élève qu'il appartient de les suppri_ mer selon ses forces.

Moderato.
N.º 23.
Moderato.
N.º 24.
H. 3243.(1)P.

DES INTERVALLES.

On donne aux intervalles les dénominations de *mineurs, majeurs, diminués, augmentés, justes* et parfois de *sous-diminués* et de *sur-augmentés*, pour indiquer les intervalles naturels et les modifications que les divers signes d'altération peuvent apporter à la composition de ces mêmes intervalles qui, ainsi qu'il a déjà été dit, tirent tous leurs noms du nombre de degrés diatoniques dont ils sont composés.

On appelle *unisson* le même son produit par différentes voix ou différents instruments. L'unisson n'est point un intervalle puisqu'aucune distance ne sépare deux mêmes sons. Mais on donne le nom d'*intervalle chromatique* à deux notes de même nom lorsqu'au moyen d'un signe d'altération, l'une des deux est placée un $\frac{1}{2}$ ton plus haut que l'autre.

Pour bien savoir le nom que l'on doit donner aux diverses modifications des intervalles il faut se rendre compte du point de départ qui détermine ce classement.

On donne le nom de *seconde majeure, tierce majeure, quarte juste, quinte juste, sixte majeure, septième majeure* et *octave juste* aux intervalles formés par les notes de la gamme majeure en prenant pour point de départ le 1.er degré de la gamme.

EXEMPLE.

SECONDE majeure.	TIERCE majeure.	QUARTE juste.	QUINTE juste.	SIXTE majeure.	SEPTIÈME majeure.	OCTAVE juste.

Les modifications de ces intervalles *types* consistant dans un certain nombre de $\frac{1}{2}$ tons chromatiques, en plus ou en moins, produits par les signes d'altération; voici comment on indique ces diminutions ou ces augmentations des intervalles naturels: 1.° INTERVALLES MAJEURS (2.de, 3.ce, 6.te et 7.e); on donne le noms de *mineurs* à ceux qui ont un $\frac{1}{2}$ ton de moins; le nom de *diminués* à ceux qui ont *deux* $\frac{1}{2}$ tons de moins; le nom d'*augmentés* à ceux qui ont un $\frac{1}{2}$ ton de plus. 2.° INTERVALLES JUSTES (4.te, 5.te et 8.ve); on donne le nom de *diminués* à ceux qui ont un $\frac{1}{2}$ ton de moins; le nom de *sous-diminués* à ceux qui ont *deux* $\frac{1}{2}$ tons de moins; le nom d'*augmentés* à ceux qui ont un $\frac{1}{2}$ ton de plus; le nom de *sur-augmentés* à ceux qui ont *deux* $\frac{1}{2}$ tons de plus.

Les intervalles sont divisés en deux classes, *intervalles simples* et *intervalles composés.* L'intervalle simple est formé par deux sons contenus dans une octave; l'intervalle composé est formé par deux sons qui excèdent l'octave. Les intervalles simples peuvent seuls être renversés

On renverse un intervalle en transportant la note grave une octave plus haut, afin que cette note devienne la note aiguë; la note aiguë de l'intervalle primitif reste en place. Les deux chiffres représentant l'intervalle et le renversement forment toujours le nombre 9. Enfin dans le renversement, un intervalle petit devient grand, *et vice versa*, et le nom de la modification est l'inverse du nom donné à l'intervalle non renversé. Seuls les intervalles justes conservent la dénomination de justes dans leurs renversements.

TABLEAU GÉNÉRAL

de tous les intervalles, de leurs diverses modifications et de leurs renversements,
avec le nombre de tons et de demi-tons diatoniques ou chromatiques dont ils sont composés.

RENVERSEMENTS

Octave juste. 5 tons et 2 demi-tons diatoniques.	Octave diminuée. 4 tons et 3 demi-tons diatoniques.	Septième majeure. 5 tons et 1 demi-ton diatonique.	Septième mineure. 4 tons et 2 demi-tons diatoniques.	Septième diminuée. 3 tons et 3 demi-tons diatoniques.

INTERVALLES

UNISSON.	Intervalle chromatique. 1 demi-ton chromatique.	Seconde mineure. 1 demi-ton diatonique.	Seconde majeure. 1 ton.	Seconde augmentée. 1 ton et 1 demi-ton chromatique.

Sixte augmentée. 4 tons, 1 demi-ton diatonique et 1 demi-ton chromatique.	Sixte majeure. 4 tons et 1 demi-ton diatonique.	Sixte mineure. 3 tons et 2 demi-tons diatoniques.	Sixte diminuée. 2 tons et 3 demi-tons diatoniques.	Quinte augmentée. 3 tons, 1 demi-ton diatonique et 1 demi-ton chromatique.	Quinte juste. 3 tons et 1 demi-ton diatonique.	Quinte diminuée. 2 tons et 2 demi-tons diatoniques.	Quinte sous-diminuée. 1 ton et 3 demi-tons diatoniques.

Tierce diminuée. 2 demi-tons diatoniques.	Tierce mineure. 1 ton et 1 demi-ton diatonique.	Tierce majeure. 2 tons.	Tierce augmentée. 2 tons et 1 demi-ton chromatique.	Quarte diminuée. 1 ton et 2 demi-tons diatoniques.	Quarte juste. 2 tons et 1 demi-ton diatonique.	Quarte augmentée. 3 tons.	Quarte sur-augmentée. 3 tons et 1 demi-ton chromatique.

Quarte sur-augmentée. 3 tons et 1 demi-ton chromatique.	Quarte augmentée. 3 tons.	Quarte juste. 2 tons et 1 demi-ton diatonique.	Quarte diminuée. 1 ton et 2 demi-tons diatoniques.	Tierce augmentée. 2 tons et 1 demi-ton chromatique.	Tierce majeure. 2 tons.	Tierce mineure. 1 ton et 1 demi-ton diatonique.	Tierce diminuée. 2 demi-tons diatoniques.

Quinte sous-diminuée. 1 ton et 3 demi-tons diatoniques.	Quinte diminuée. 2 tons et 2 demi-tons diatoniques.	Quinte juste. 3 tons et 1 demi-ton diatonique.	Quinte augmentée. 3 tons, 1 demi-ton diatonique et 1 demi-ton chromatique.	Sixte diminuée. 2 tons et 3 demi-tons diatoniques.	Sixte mineure. 3 tons et 2 demi-tons diatoniques.	Sixte majeure. 4 tons et 1 demi-ton diatonique.	Sixte augmentée. 4 tons, 1 demi-ton diatonique et 1 demi-ton chromatique.

Seconde augmentée. 1 ton et 1 demi-ton chromatique.	Seconde majeure. 1 ton.	Seconde mineure. 1 demi-ton diatonique.	Intervalle chromatique. 1 demi-ton chromatique.	UNISSON.

La Neuvième employée en harmonie comme 9e et non comme réplique de la Seconde n'a que deux modifications, mineure ou majeure, jamais augmentée.

Septième diminuée. 3 tons et 3 demi-tons diatoniques.	Septième mineure. 4 tons et 2 demi-tons diatoniques.	Septième majeure. 5 tons et 1 demi-ton diatonique.	Octave diminuée. 4 tons et 3 demi-tons diatoniques.	Octave juste. 5 tons et 2 demi-tons diatoniques.	Neuvième mineure. 5 tons et 3 demi-tons diatoniques.	Neuvième majeure. 6 tons et 2 demi-tons diatoniques.

DE LA SYNCOPE—DE LA LIAISON.

On appelle *syncope* un temps faible porté sur un temps fort par l'union de deux notes de même intonation qui sont séparées ou coupées par un temps et dont la seconde ne se répète pas.

Il y a deux espèces de syncopes: la *syncope égale*, formée par deux notes d'égale durée; la *syncope inégale* ou *brisée*, formée par deux notes qui n'ont pas la même valeur. Dans la musique bien écrite la première des deux notes de la *syncope inégale* est toujours plus longue que la seconde. Lorsque les deux notes syncopées sont séparées par la barre de mesure ou que la syncope est inégale on indique cette syncope par une ligne courbe ⌒. Dans l'exécution des syncopes il faut accentuer la première des deux notes (et non la seconde) pour bien marquer le contre-temps et faire sentir la coupure.

EXEMPLES.

Syncopes égales coupées par le 1.er temps.　　Syncopes égales coupées par le 1.er et le 3.e temps.

Syncopes égales coupées par chaque noire de la mesure.　　Syncopes inégales ou brisées.

On écrivait autrefois les syncopes inégales avec des points. Ce moyen étant moins lisible que l'autre a été abandonné. Dans ce cas on donnait au point le nom de *point d'enjambement*.

Même exemple que le précédent écrit selon l'ancien usage.

Il n'y a syncope que lorsque la seconde des deux notes est coupée par un temps. Dans le cas contraire la ligne courbe indique seulement que la note doit être soutenue sans être répétée. Cela s'appelle une *tenue*.

EX.

Pour indiquer que plusieurs notes doivent être exécutées d'une seule articulation on met au dessus ou au dessous de ce groupe de notes une ligne courbe ⌒ qui prend alors le nom de *liaison*. En chantant on ne doit jamais respirer entre des notes liées.

EXEMPLE DE NOTES LIÉES.

DES NOTES DETACHEES

On indique une articulation plus ou moins prononcée des notes en mettant au dessus

ou au dessous de ces notes de petits points ronds ou allongés, ainsi :

Ces détachés s'exé_cutent, en séparant

les notes comme si elles étaient écrites ainsi :

Les points allongés indiquent une articulation plus pronon_cée que celle des points ronds.

Il y a encore une autre espèce de détaché, que l'on emploie surtout dans la musique de Violon et que l'on appelle *staccato*. Il s'exécute d'un seul coup d'archet et on l'indique ainsi :

DU POINT D'ORGUE

Le *point d'orgue* est un signe qui se place sur une note ou sur un silence, ainsi :

Il indique un repos que l'on prolonge à volonté et toujours plus longtemps que la valeur indiquée par la note ou par le silence.

(Voir le 25e tableau, page 26.)

LEÇONS SUR LES SYNCOPES.

(Après l'étude du 25e tableau.)

Moderato.

N.º 25.

Allegro moderato.
N.º 26.
(1)

DES TRIOLETS,

DU SIXAIN ET DU DOUBLE TRIOLET.

Le *triolet* est un groupe de trois notes égales que l'on doit exécuter dans le temps réservé aux deux notes de la division binaire. Par conséquent il faut exécuter les notes du triolet un peu plus vite que les notes ordinaires de même valeur, puisque trois notes doivent tenir la place de deux.

Pour distinguer le *triolet* on met un 3 au dessus ou au dessous du groupe.

Trois blanches en triolet équivalent à une ronde ou à deux blanches binaires. Trois noires en triolet équivalent à une blanche ou à deux noires binaires; etc.

EXEMPLE.

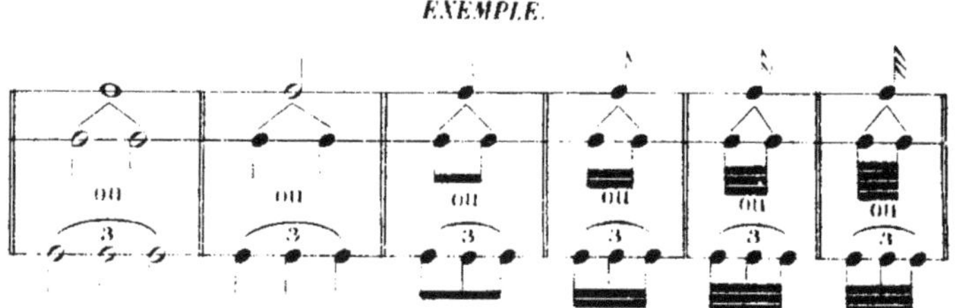

Il y a aussi des groupes de six notes, appelés *sixains* et *triolets doubles*. Ces six notes doivent s'exécuter dans le temps réservé à quatre notes binaires de même valeur. On met un 6 au dessus ou au dessous de ces groupes. La ronde qui vaut quatre noires en vaudra 6 si ces noires forment une sixaine; la blanche vaudra six croches au lieu de quatre croches binaires si ces six croches forment une sixaine.

EXEMPLE.

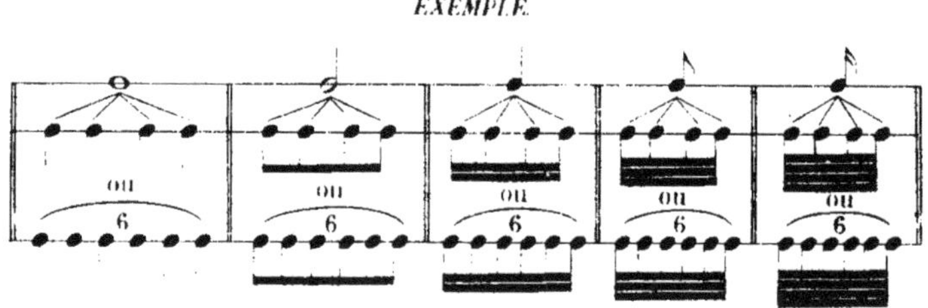

L'accentuation du double triolet et du sixain n'est pas la même. Le double triolet se **rhythme** de trois en trois, les six notes du sixain se **rhythment** de deux en deux.

EXEMPLE.

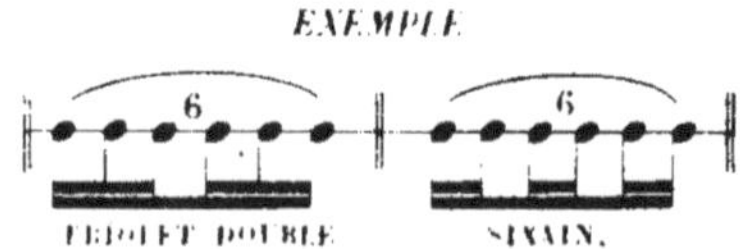

Il serait mieux que les compositeurs indiquassent toujours l'accentuation de ces groupes afin d'éviter une mauvaise interprétation. (Voir le 26.e tableau, page 27.)

LEÇONS POUR L'EMPLOI DES TRIOLETS

Après l'étude du 26º tableau.

Allegro moderato.

Nº 27.

28
Allegro moderato.
Nº 28.
CODA.
H. 5215.(1) P.

DES MESURES.

La *mesure* est le partage de la durée des notes en parties égales que l'on nomme *temps*.

Il y a trois sortes de mesures, à deux, à trois et à quatre temps.

Les mesures sont divisées en outre en deux classes, en *mesures simples* et en *mesures composées*.

Les mesures simples sont celles dont chacun des temps, quelle qu'en soit la quantité, est représenté par une note simple, *blanche, noire* ou *croche*.

Les mesures composées sont celles dont chacun des temps est représenté par une note suivie d'un point, *blanche pointée, noire pointée, croche pointée*.

La note simple, du temps d'une mesure simple, se divisant en deux parties d'égale valeur, puisque la blanche vaut deux noires; la noire, deux croches; la croche, deux doubles croches; on donne le nom de *mesures binaires* ou *à temps binaires* aux mesures simples parceque chaque temps se divise par *deux*.

La note pointée, des temps d'une mesure composée, se divisant en trois parties d'égale valeur, puisque la blanche pointée vaut trois noires; la noire pointée, trois croches; la croche pointée, trois doubles croches; le nom de *mesures ternaires* ou *à temps ternaires* se donne aux mesures composées dont chaque temps se divise par *trois*.

Toute mesure *composée* dérive d'une mesure *simple*. On forme le temps d'une mesure composée en ajoutant un point à chacun des temps de la mesure simple. Par conséquent, en retirant le point de chacun des temps d'une mesure composée on retrouvera le temps de la mesure simple dont la mesure composée dérive.

Les mesures simples ou composées s'indiquent par deux chiffres superposés que l'on place au commencement du morceau.

Dans les mesures simples, le 1.ᵉʳ chiffre (celui d'en haut) indique combien il y a de temps dans la mesure: un 2, un 3 ou un 4 pour désigner les mesures à deux, à trois et à quatre temps. (Dans certaines mesures, ainsi qu'on l'a déjà vu, on remplace le 4, 1.ᵉʳ chiffre de la mesure à quatre temps, par un C; et le 2, 1.ᵉʳ chiffre de la mesure à deux temps par un C barré.) Le 2.ᵈ chiffre (celui d'en bas) indique la valeur de chaque temps par rapport à la ronde.

La ronde étant considérée comme l'entier, puisque c'est la plus grande valeur de la musique moderne, est représentée par un 1; la blanche, moitié de la ronde, est représentée par un 2; la noire, quart de la ronde, par un 4; la croche, huitième de la ronde, par un 8; la double croche, seizième de la ronde, par un 16.

Dans les mesures composées le 1.ᵉʳ chiffre indique le nombre de notes qu'il doit y avoir dans la mesure; le 2.ᵈ chiffre, la valeur (toujours comparativement à la ronde) de chacune des notes dont la quantité a été indiquée par le chiffre d'en haut.

On obtient les chiffres des mesures composées en *multipliant* le 1.ᵉʳ de la mesure simple par *trois* et le 2.ᵈ par *deux*. Par ce calcul on voit que les mesures composées à deux temps ont pour 1.ᵉʳ chiffre un 6; les mesures composées à trois temps, un 9; les mesures composées à quatre temps, un 12.

On retrouve les chiffres des mesures simples en faisant l'opération inverse, c'est-à-dire en *divisant* le 1.er chiffre d'une mesure composée par *trois* et le 2.d par *deux*.

TABLEAU DES MESURES SIMPLES USITÉES DANS LA MUSIQUE MODERNE ET DES MESURES COMPOSÉES QUI EN DÉRIVENT

À DEUX TEMPS.

À TROIS TEMPS.

Les deux mesures ci-contre se rencontrent encore parfois dans la musique moderne. La mesure à $\frac{3}{2}$ principalement.

À QUATRE TEMPS.

Les mesures les plus usitées étant celles qui ont, pour chacun des temps UNE NOIRE, dans les mesures simples ou *binaires* et UNE NOIRE POINTÉE dans les *mesures composées* ou *ternaires*, les 27.e, 28.e, 29.e, 30.e, 31.e et 32.e tableaux feront analyser les six mesures principales: $\frac{2}{4}$ et $\frac{6}{8}$ pour les mesures à *deux temps*; $\frac{3}{4}$ et $\frac{9}{8}$ pour les mesures à *trois temps*; $\frac{4}{4}$ ou C et $\frac{12}{8}$ pour les mesures à *quatre temps*.

La mesure à $\frac{2}{4}$ est une mesure simple à deux temps, soit une blanche pour la mesure entière, une noire ou deux croches pour chacun des temps.

EXEMPLE.

(Voir le 27e tableau, page 28.)

La mesure à $\frac{6}{8}$ est une mesure composée à deux temps, dérivant de la mesure simple à $\frac{2}{4}$, soit une blanche pointée pour la mesure entière, une noire pointée ou trois croches pour chacun des temps.

EXEMPLE.

(Voir le 28e tableau, page 29.)

La mesure à $\frac{3}{4}$ est une mesure simple à trois temps, soit une blanche pointée pour la mesure entière, une noire ou deux croches pour chacun des temps.

EXEMPLE.

(Voir le 29e tableau, page 30.)

La mesure à $\frac{9}{8}$ est une mesure composée à trois temps, dérivant de la mesure simple à $\frac{3}{4}$, soit une noire pointée ou trois croches pour chacun des temps.

EXEMPLE.

(Voir le 30e tableau, page 31.)

La mesure à $\frac{4}{4}$, que l'élève a déjà étudiée est une mesure simple à quatre temps, soit une ronde pour la mesure entière, une noire ou deux croches pour chacun des temps.

EXEMPLE.

(Voir le 31e tableau, page 32.)

La mesure à $\frac{12}{8}$ est une mesure composée à quatre temps, dérivant de la mesure simple à $\frac{4}{4}$, soit une ronde pointée pour la mesure entière, une noire pointée ou trois croches pour chacun des temps.

EXEMPLE.

(Voir le 32e tableau, page 33.)

DES MODES.

DE LA DIFFÉRENCE DE LA GAMME MINEURE ET DE LA GAMME MAJEURE.

On appelle *mode* le caractère d'une gamme diatonique, caractère résultant de sa disposition fondamentale.

Il y a deux modes, le *majeur* et le *mineur*. Par abréviation on dit *gamme majeure* ou *gamme mineure* au lieu de *gamme du mode majeur, gamme du mode mineur*, mais il est important de savoir que le *mode* seul est *majeur* ou *mineur* selon la place qu'occupent les demi-tons dans la gamme représentant chacun de ces modes et que la gamme n'est que *diatonique* ou *chromatique* selon qu'elle procède par tons et demi-tons ou par demi-tons seulement ainsi que cela a déjà été expliqué.

Par sa nature la gamme chromatique n'appartient à aucun mode puisque rien dans sa progression ne peut le caractériser, aussi n'est-elle qu'une gamme de passage.

La *tonique* de la gamme mineure est toujours placée *une tierce mineure* au dessous de la tonique de la gamme majeure.

La gamme majeure et la gamme mineure étant composées des mêmes sons, bien qu'elles aient chacune une tonique différente sont appelées *gammes relatives*.

On ne fait aucune indication particulière, à l'armure de la clef, pour indiquer qu'un morceau est écrit dans le mode majeur ou dans le mode mineur relatif.

Pour différencier d'une manière sensible à l'oreille la gamme mineure de son relatif majeur, on hausse d'un demi-ton, au moyen d'un signe d'altération accidentel, la septième note de la gamme mineure. Ce septième degré, haussé d'un demi-ton, devient la *note sensible* et cette note alors SERT À FAIRE RECONNAITRE LE TON parce qu'elle est la seule qui ne soit plus commune aux deux gammes.

En résumé la gamme mineure étant placée une tierce mineure au dessous de la gamme majeure, le ton de LA MINEUR est le relatif du ton d'UT MAJEUR. L'armure de la clef étant la même pour ces deux gammes, on reconnaîtra le ton si l'on rencontre dans les premières mesures du morceau, soit au chant, soit à l'accompagnement, *comme note diatonique*, le SOL ♯, note sensible de la gamme de *la* mineur. En effet il ne peut y avoir de confusion puisque le *sol* est *naturel* dans la gamme d'*ut* majeur.

Observation: On pourrait rencontrer dans les premières mesures d'un morceau le *sol* ♯, *comme note chromatique* et dans ce cas on serait, malgré le *sol* ♯, en UT naturel majeur. Par contre un morceau en *la mineur* pourrait commencer par la gamme descendante (deuxième manière indiquée ci-après) dans laquelle le *sol* est *naturel* et malgré ce *sol* ♮, on serait en LA mineur. Il y a là une petite difficulté d'appréciation et d'analyse que le temps et l'étude aplaniront d'autant plus facilement que l'élève distinguera bien vite les deux modes majeur et mineur par le sentiment même de la tonalité de chacun de ces modes et par leurs intervalles distinctifs.

INTERVALLES DISTINCTIFS DES MODES.

Les intervalles formés par les notes de la gamme majeure et de la gamme mineure, comptés sur leur tonique, font voir que dans les deux modes, la *seconde* et la *septième* sont majeures. La *quarte*, la *quinte* et l'*octave* sont justes. La *tierce* et la *sixte* seules diffèrent, elles sont *majeures* dans la gamme majeure, *mineures* dans la gamme mineure, on donne, pour cette raison, à ces deux intervalles le nom d'*intervalles distinctifs du mode*.

EXEMPLE.

Il y a deux manières de faire la gamme mineure. La 1re, qui est considérée avec raison, comme la gamme-*type*, a trois demi-tons diatoniques placés du 2e au 3e, du 5e au 6e et du 7e au 8e degrés. Cette gamme se fait en descendant comme en montant. c'est la vraie gamme mineure dans son caractère triste et plaintif

EXEMPLE: 1re MANIÈRE DE FAIRE LA GAMME MINEURE.

(Travaillez le 77e tableau)

N° 29.

L'intervalle de *seconde augmentée* qui existe du 6e au 7e degré, du *fa* naturel au *sol* ♯, dans la gamme précédente étant d'une intonation difficile et un peu dure à l'oreille, on a imaginé une seconde gamme mineure (modifiée) qui consiste à élever d'un demi-ton accidentel le 6e degré pour qu'il ne soit plus qu'à la distance d'une *seconde majeure* de la note sensible. Ce moyen plus vocal et plus doux à l'oreille, ayant l'inconvénient de détruire un des caractères distinctifs du mode mineur en faisant une sixte majeure dans la gamme mineure, on a cru devoir y remédier en rendant *toutes les notes naturelles* dans la gamme descendante, parceque la note sensible n'est plus indispensable comme dans la gamme montante et que toutes ces notes inaltérées indiquent bien leur relation avec la gamme relative d'*ut* naturel majeur. Cette gamme n'a que deux demi-tons diatoniques placés *en montant* du 2^d au 3e et du 7e au 8e degrés; *en descendant* du 6e au 5e et du 3e au 2e degrés.

EXEMPLE: 2e MANIÈRE DE FAIRE LA GAMME MINEURE.

(Travaillez le tableau 55bis)

N° 30.

Les noms génériques des différents degrés de la gamme majeure ou mineure ont déjà été expliqués. Les deux degrés les plus importants sont : le 1er (tonique) et le 5e
(dominante). Le 3e degré (médiante) et le 7e (sensible) viennent après. Les 2d, 4e et
6e degrés ne tirent leurs noms que de la place qu'ils occupent au dessus ou au dessous
des deux degrés principaux *tonique* et *dominante*. Le 2d degré s'appelle sus-tonique,
le 4e sous-dominante, le 6e sus-dominante.

Le 7e degré de la gamme descendante du mode mineur (2e manière) prend le nom
de *sous-tonique* parceque n'étant plus à un demi-ton de la tonique il a cessé d'être
note sensible.　　　　　(Voir les tableaux 33,33bis et 34, pages 34,35 et 36)

La mesure à $\frac{3}{8}$ est une mesure simple à trois temps, soit une noire pointée pour
la mesure entière, une croche ou deux doubles croches pour chacun des temps. C'est un
$\frac{3}{4}$ réduit de moitié.

EXEMPLE.

(Voir le tableau 34bis, page 37.)

LEÇONS EN LA MINEUR POUR L'ÉTUDE DES MESURES À $\frac{3}{4}$ ET A $\frac{3}{8}$.

Après l'étude des tableaux 33,33bis 34 et 34bis.

(1)　Les leçons 31,31bis 32,32bis, écrites en *la mineur*, passent momentanément dans le ton relatif d'*ut
majeur*. Alors le *sol* reparait *naturel*, puis il est de nouveau *dièzé* au retour du ton principal. C'est là une
petite étude préparatoire aux modulations sur laquelle il faut arrêter l'attention de l'élève.

H.3213.(1) P.

Moderato
N.º 32.
Même leçon que la précédente écrite à 3/8
Moderato.
N.º 32 bis.

DES TONS

Le mot *ton*, en musique, ne sert pas seulement à déterminer des intervalles de seconde plus ou moins grands, il indique aussi la gamme dans laquelle un morceau est écrit. Ainsi on dit: solfier dans le ton d'*ut*, dans le ton de *fa*, dans le ton de *sol*, etc. Mélodiquement parlant, il n'y a pourtant qu'une gamme majeure, la gamme d'*ut*; qu'une gamme mineure, la gamme de *la*, et lorsque l'on sait chanter parfaitement juste ces deux gammes on sait toutes les autres puisqu'elles ne font que reproduire, plus haut ou plus bas, la même progression d'intervalles.

Pour établir une gamme sur une autre tonique, il faut donc que cette nouvelle gamme soit en tout semblable à celle d'*ut* ou à celle de *la*, c'est-à-dire que les intervalles qui existent entre chacun des degrés de ces deux gammes modèles, soient exactement reproduits dans la nouvelle gamme.

D'après cette règle *toutes les gammes majeures* doivent, comme la gamme modèle d'*ut*, procéder par cinq tons et deux demi-tons placés du 2e au 3e et du 7e au 8e degrés; *toutes les gammes mineures* doivent, comme la gamme modèle de *la*, renfermer trois demi-tons placés du 2e au 3e du 5e au 6e et du 7e au 8e degrés, si l'on fait cette gamme selon la 1re manière-type, et seulement deux demi-tons placés, en montant, du 2e au 3e et du 7e au 8e degrés, en descendant, du 6e au 5e et du 3e au 2e degrés, si l'on fait cette gamme selon la 2de manière.

Pour obtenir ces intervalles identiques, une nouvelle tonique étant donnée, on emploie les signes d'altération autant de fois que la note non altérée donne un intervalle trop petit ou trop grand.

Pour éviter dans la notation la constante répétition des altérations nécessaires à la constitution d'un nouveau ton, on place ces *altérations constitutives* au commencement du morceau, à la droite de la clef. C'est là ce qu'on appelle **L'ARMURE DE LA CLEF**.

On ne met pas à la clef plus de sept dièzes ou de sept bémols, parconséquent il n'y a jamais à l'armure ni double dièze ni double bémol.

Bien que ces diverses gammes soient semblables, chaque ton a cependant son caractère propre, sa sonorité particulière Ces différentes gammes sont donc utiles, nécessaires, elles sont le coloris de la tonalité, elles ont enfin l'avantage de conserver à chaque son le nom qui lui est donné d'après le *diapason*, réglé lui-même sur un nombre déterminé de vibrations d'un corps sonore.

Pour déterminer la tonique du mode majeur, lorsqu'il y a des dièzes à la clef, on prend **LA 1re NOTE** (ou $\frac{1}{2}$ ton diatonique) *au dessus* du dernier dièze placé à l'armure de la clef, ce dernier dièze représentant toujours la *note sensible* (7e degré) de la gamme majeure. Ainsi, si le dernier ♯ est *fa*, la tonique sera **SOL**; si le dernier ♯ est *ut*, la tonique sera **RÉ**; etc.

Pour déterminer la tonique du mode majeur, lorsqu'il y a des bémols à la clef, on descend **4 DEGRÉS** (une quarte juste) à partir du dernier bémol placé à l'armure de la clef, ce dernier bémol représentant toujours la *sous-dominante* (4ᵉ degré) de la gamme majeure. Ainsi, si le dernier ♭ est *si*, la tonique sera **FA**; si le dernier ♭ est *mi*, la tonique sera **SI** ♭; etc.

La tonique de la gamme mineure est toujours placée *une tierce mineure au dessous* de la tonique de la gamme majeure (ainsi que cela été dit précédemment au sujet du ton de *la* mineur et du moyen de reconnaître le mode) QUELLE QUE SOIT L'ARMURE DE LA CLEF, DIÈZES OU BÉMOLS.

Les signes d'altération se placent donc de deux manières: 1ᵉ devant les notes, 2ᵉ à la clef. Placés devant les notes, ils restent *signes accidentels* et l'altération n'excède pas la durée de la mesure; placés à la clef, ils deviennent *signes constitutifs* et les notes restent altérées pendant toute la durée du morceau, à moins que l'armure de la clef ne soit modifiée.

Ainsi que l'indique le tableau suivant, les tons dans lesquels le nombre des dièzes augmente progressivement, se succèdent par quinte juste en montant.

> avec un ♯ à la clef on est en **SOL** naturel majeur ou en **MI** naturel mineur.
> avec deux ♯ à la clef on est en **RÉ** naturel majeur ou en **SI** naturel mineur.
> avec trois ♯ à la clef on est en **LA** naturel majeur ou en **FA** ♯ mineur.
> avec quatre ♯ à la clef on est en **MI** naturel majeur ou en **UT** ♯ mineur.
> avec cinq ♯ à la clef on est en **SI** naturel majeur ou en **SOL** ♯ mineur.
> avec six ♯ à la clef on est en **FA** ♯ majeur ou en **RÉ** ♯ mineur.
> avec sept ♯ à la clef on est en **UT** ♯ majeur ou en **LA** ♯ mineur.

Les tons dans lesquels le nombre des bémols augmente progressivement se succèdent par quintes justes en descendant.

> avec un ♭ à la clef on est en **FA** naturel majeur ou en **RÉ** naturel mineur
> avec deux ♭ à la clef on est en **SI** ♭ majeur ou en **SOL** naturel mineur.
> avec trois ♭ à la clef on est en **MI** ♭ majeur ou en **UT** naturel mineur.
> avec quatre ♭ à la clef on est en **LA** ♭ majeur ou en **FA** naturel mineur.
> avec cinq ♭ à la clef on est en **RÉ** ♭ majeur ou en **SI** ♭ mineur.
> avec six ♭ à la clef on est en **SOL** ♭ majeur ou en **MI** ♭ mineur.
> avec sept ♭ à la clef on est en **UT** ♭ majeur ou en **LA** ♭ mineur.

(Voyez le 35ᵉ tableau pour l'étude comparative des différentes gammes majeures et mineures avec des ♯ et avec des ♭ à la clef)

LEÇON-EXERCICE

POUR ÉTUDIER LA SIMILITUDE MÉLODIQUE DE TOUTES LES GAMMES MAJEURES

ET DES CONSONNANCES ATTRACTIVES DE CE MODE

(Voyez le Chapitre de la *tonalité* page 56.)

On peut faire *vocaliser* cette leçon ainsi que la leçon suivante. Vocaliser, c'est chanter sur une seule voyelle. En vocalisant l'élève saisira plus facilement la complète ressem_ blance des gammes d'un même mode. La phrase musicale de cette *leçon-exercice* est une formule mélodique et rhythmique de cinq mesures, mais dont le sens musical est terminé à la quatrième. La mesure ajoutée n'est là que pour faire répéter à l'élève les consonnances attractives.

LEÇON - EXERCICE

POUR ÉTUDIER LA SIMILITUDE MÉLODIQUE DE TOUTES LES GAMMES MINEURES

ET LES CONSONNANCES ATTRACTIVES DE CE MODE

(Voyez le Chapitre de la tonalité page 50.)

Pour ne pas excéder l'étendue des jeunes voix, *toutes* les gammes majeures et mineures n'ont pu être placées dans les deux Leçons-Exercices qui précèdent. Mais il y
en a assez pour bien faire comprendre et apprécier que mélodiquement il n'y a qu'une
gamme majeure et une gamme mineure; toutes les autres ne font que reproduire, plus
haut ou plus bas, les deux gammes modèles.

(1). Voyez à la leçon précédente l'explication de la phrase musicale de cinq mesures.   H. 3245.(1) P.

DE LA TRANSPOSITION.

Transposer c'est lire ou écrire un morceau dans un ton autre que celui où il est écrit. La transposition a pour but de mettre dans un ton plus favorable pour les voix, ou pour les instruments, ce qui, sans cela, serait trop bas, trop haut ou trop difficile. Un morceau peut être transposé dans tous les tons, le *mode* seul ne peut jamais être changé. C'est à dire qu'un morceau *majeur* peut être exécuté dans n'importe quel ton *majeur*; un morceau *mineur* dans quelque ton *mineur* que ce soit. Cette obligation de ne pas changer le *mode* se comprend, puisque les tons et les demi-tons n'étant pas aux mêmes places dans la *gamme majeure* et dans la *gamme mineure*, la nature de ces deux gammes est différente. La transposition des 36.e et 37.e tableaux qui suivent feront, comme les deux leçons-exercices qui précèdent, parfaitement saisir la complète ressemblance des gammes d'un même mode.

L'armure de deux tons majeurs, dont la tonique porte le même nom et qui ne diffèrent entre eux que d'un demi-ton chromatique, forme toujours le nombre 7.

EX.	*Ut* ♮ majeur 0 *Ut* ♯ majeur 7 ♯ total 7	*Ut* ♮ majeur 0 *Ut* ♭ majeur 7 ♭ total 7	*Fa* ♮ majeur 1 ♭ *Fa* ♯ majeur 6 ♯ total 7	*Sol* ♮ majeur 1 ♯ *Sol* ♭ majeur 6 ♭ total 7	etc.

(Voir le 36.e tableau, pages 40 et 41)

L'armure de deux tons mineurs, dont la tonique porte le même nom et qui ne diffèrent entre eux que d'un demi-ton chromatique, forme toujours le nombre 7.

EX.	*La* ♮ mineur 0 *La* ♯ mineur 7 ♯ total 7	*La* ♮ mineur 0 *La* ♭ mineur 7 ♭ total 7	*Ré* ♮ mineur 1 ♭ *Ré* ♯ mineur 6 ♯ total 7	*Mi* ♮ mineur 1 ♯ *Mi* ♭ mineur 6 ♭ total 7	etc.

(Voir le 37.e tableau, pages 42 et 43)

DE LA MODULATION.

Jusqu'ici nous n'avons modulé que par l'accompagnement, quant aux signes matériels indicatifs, remettant à un moment plus opportun l'explication des *modulations*, l'entrée des ♯ et des ♭ qui annoncent ces *modulations* et la présence des ♮ destinés à faire rentrer dans le ton principal, celui qui sert de début et de conclusion à tout morceau de musique.

Moduler c'est passer d'un *ton* dans un autre *ton*, majeur ou mineur.

Les *modulations* se divisent en deux espèces, 1.° la *modulation aux tons voisins*, lorsque la modulation conduit dans un ton qui ne diffère du ton principal que par une altération en plus ou en moins, et les relatifs majeurs ou mineurs de ces tons rapprochés; 2.° la *modulation aux tons éloignés*, lorsque la modulation conduit dans un ton qui diffère du ton principal par plusieurs altérations.

Les tons voisins d'**UT NATUREL MAJEUR** sont, *pour les tons majeurs*: 1.° le ton de *sol*, qui a un ♯ à la clef; 2.° le ton de *fa*, qui a un ♭ à la clef; et *pour les tons mineurs*: 1.° le ton de *la*, relatif d'*ut* majeur; 2.° le ton de *mi*, relatif de *sol* majeur; 3.° le ton de *ré*, relatif de *fa* majeur.

Les tons voisins de **LA NATUREL MINEUR** sont, *pour les tons mineurs*: 1.° le ton de *mi*, qui a un ♯ à la clef; 2.° le ton de *ré*, qui a un ♭ à la clef; et *pour les tons majeurs*: 1.° le ton d'*ut*, relatif de *la* mineur; 2.° le ton de *sol*, relatif de *mi* mineur; 3.° le ton de *fa*, relatif de *ré* mineur.

Moduler entraîne forcément l'obligation de faire entendre une note étrangère au ton que l'on veut quitter et spéciale au ton où l'on veut entrer, soit au chant, soit à l'accompagnement.

Cette note, qui détermine la modulation, est presque toujours la *note sensible* ou la *sous-dominante* du ton où l'on va. Dans le cas contraire, l'altération ou la suppression de la *note sensible* du ton que l'on quitte détermine la modulation.

Les exemples suivants indiquent seulement à l'élève les modulations aux *tons voisins*. Les leçons qui précèdent et qui suivent renferment souvent des modulations aux *tons éloignés*. Le professeur fera bien de les faire analyser et apprécier à l'élève.

MODULATION D'UT MAJEUR EN SOL MAJEUR.
au moyen de la *note sensible fa ♯.*
(La tonique s'élève de cinq degrés ou s'abaisse d'une quarte)

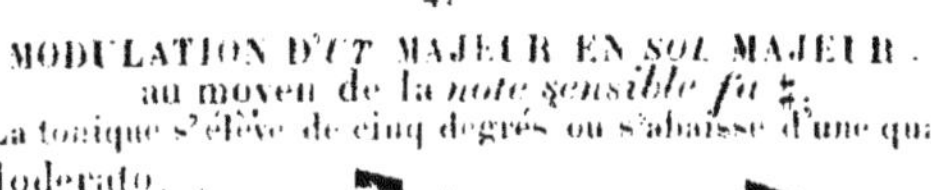

MODULATION D'UT MAJEUR EN FA MAJEUR.
au moyen de la *sous-dominante si♭.*
(La tonique s'élève de quatre degrés ou s'abaisse d'une quinte)

MODULATION D'UT MAJEUR EN LA MINEUR.
au moyen de la *note sensible sol ♯.*
(La tonique s'abaisse de trois degrés ou s'élève d'une sixte)

MODULATION D'UT MAJEUR EN MI MINEUR.
au moyen de la *note sensible ré ♯.*
(La tonique s'élève de trois degrés ou s'abaisse d'une sixte)

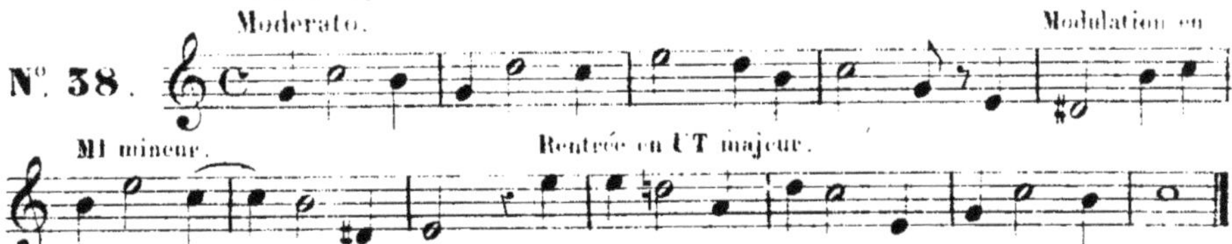

MODULATION D'UT MAJEUR EN RÉ MINEUR.
au moyen de la *note sensible do ♯.*
(La tonique s'élève d'un degré ou s'abaisse d'une septième)

MODULATION DE LA MINEUR EN MI MINEUR.
au moyen de la note sensible ré ♯.
(La tonique s'élève de cinq degrés ou s'abaisse d'une quarte)
Moderato.
Modulation en
N°. 40.
MI mineur.
Rentrée en LA mineur.
MODULATION DE LA MINEUR EN RÉ MINEUR.
au moyen de la note sensible do ♯.
(La tonique s'élève de quatre degrés ou s'abaisse d'une quinte)
Moderato.
Modulation en RÉ mineur.
N°. 41.
Rentrée en LA mineur.
MODULATION DE LA MINEUR EN UT MAJEUR.
au moyen de l'altération ou de la suppression de la note sensible du ton que l'on quitte.
(La tonique s'élève de trois degrés ou s'abaisse d'une sixte)
Moderato.
N°. 42.
Modulation en Ut majeur.
Rentrée en
LA mineur.
MODULATION DE LA MINEUR EN SOL MAJEUR.
au moyen de la note sensible fa ♯.
(La tonique s'abaisse d'un degré ou s'élève d'une septième)
Moderato.
Modulation en
N°. 43.
SOL majeur.
Rentrée en LA mineur.
MODULATION DE LA MINEUR EN FA MAJEUR.
au moyen de la sous dominante si ♭.
(La tonique s'abaisse de trois degrés ou s'élève d'une sixte)
Moderato.
Modulation en FA majeur.
N°. 44.
Rentrée en LA mineur.

Les modulations ci-dessous indiquées sont formulées tantôt par le chant, tantôt par l'accompagnement, et certaines d'entr'elles sont même si passagères qu'elles sont plutôt une progression chromatique qu'une réelle modulation. Il est donc indispensable pour l'édition populaire, sans accompagnement, de s'en référer à l'édition avec piano.

LEÇONS POUR L'ÉTUDE ET L'ANALYSE DES MODULATIONS.

(1) Mesure de double emploi.

Allegro moderato.
N°. 48.
en RE. en UT.
en SOL.
en LA min.
en RE. en SOL.
en LA min.
en SOL.
en LA min.
en SOL.
en MI b.
en FA.
MI min.
MI maj.
MI min.
MI maj. LA min.
en UT.
en FA.
en UT.
Andantino con moto.
N°. 49.
en MI min.

en SOL maj.
en LA maj.
en SOL.
en LA min.
Rentrée.
Moderato.
N° 50.
en Fa.
en RÉ min.
en LA min.

en RE min.
en MI maj en LA min
Moderato.
LEÇON-EXERCICE.
N.º 51.
en UT.
en MI.
en SOL.
en LA.
Passage chromatique.
Passage chromatique.
Passage chromatique.
Allegretto moderato.
en UT.
en LA.
N.º 52.
en MI.
en UT.
en RÉ.

en MI.
en UT.
en LA.
en UT.
en LA.
en RÉ.
en MI.
en LA.
Moderato.
N.º 53.
3/4
Passage chromatique. en UT.
en MI.
en FA.
en LA.
en RÉ.
en MI.
en LA.
H. 3213.(1) P.

Allegro moderato.
N.º 54.
en UT.
en LA.
en UT.
en RÉ.
en MI.
en LA.
en MI maj.
Passage chromatique.
en LA.
en UT.
en LA.
Passage chromatique.
en RÉ.
en LA.
en RÉ.
en LA.

DE LA TONALITÉ.

Le système de la tonalité moderne repose sur les tendances attractives de la *sous-dominante* et de la *note sensible*, tendances sur lesquelles, nous l'avons dit, on ne saurait trop appeler l'attention de l'élève.

La *sous-dominante* tend à descendre d'un degré (2de) sur la *médiante* pour faire reconnaître le mode, la *sensible* tend à monter d'un degré (2de) pour faire entendre l'octave de la *tonique*.

En harmonie on appelle l'intervalle de quarte *augmentée* 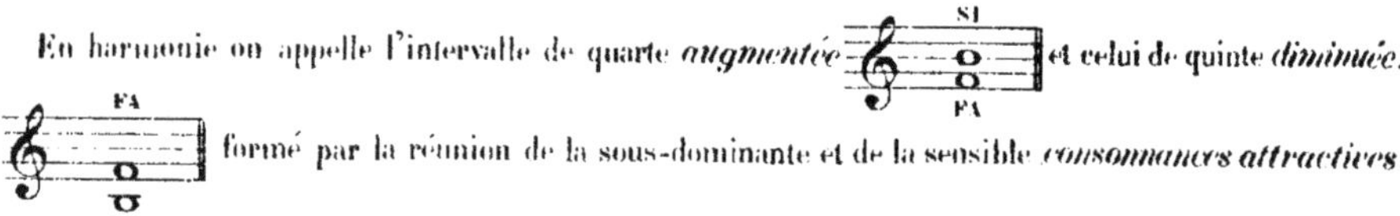 et celui de quinte *diminuée* formé par la réunion de la sous-dominante et de la sensible *consonnances attractives*.

La *sensible* ne monte jamais que d'un demi-ton diatonique, quel que soit le mode.

La *sous-dominante* descend, dans le mode majeur, d'un demi-ton diatonique sur la tierce majeure et dans le mode mineur d'un ton sur la tierce mineure.

Comme l'indique l'exemple suivant, l'intervalle attractif de *quinte diminuée* se résout, selon le mode, sur une *tierce* majeure ou mineure et l'intervalle attractif de *quarte augmentée* se résout, sur une *sixte* mineure ou majeure.

EXEMPLE.

DE L'ACCORD PARFAIT MAJEUR ET MINEUR, DE L'ACCORD DE *QUINTE DIMINUÉE* ET DE L'ACCORD DE *SEPTIÈME DE DOMINANTE*.

Sans vouloir faire d'harmonie dans ce petit solfége il sera cependant bon de faire comprendre à l'élève que la musique n'est pas seulement une succession mélodique de sons, mais qu'elle est aussi un assemblage harmonique de plusieurs sons accompagnant la mélodie ou faisant harmoniquement le chant même et qu'en définitive l'harmonie, plus que la mélodie, constitue la tonalité et en développe davantage le sentiment. Il sera donc bon dans les classes composées de plusieurs élèves de faire chanter les accords harmoniquement, c'est-à-dire à plusieurs parties simultanées. Faute d'un nombre suffisant de voix, le piano ou l'orgue devront y suppléer.

L'*accord parfait*, ainsi appelé parce qu'il offre un sens complet à l'oreille, est formé de deux tierces superposées.

Dans l'*accord parfait majeur* la 1re tierce est majeure, la 2de tierce est mineure.

Dans l'*accord parfait mineur* la 1re tierce est mineure, la 2de tierce est majeure.

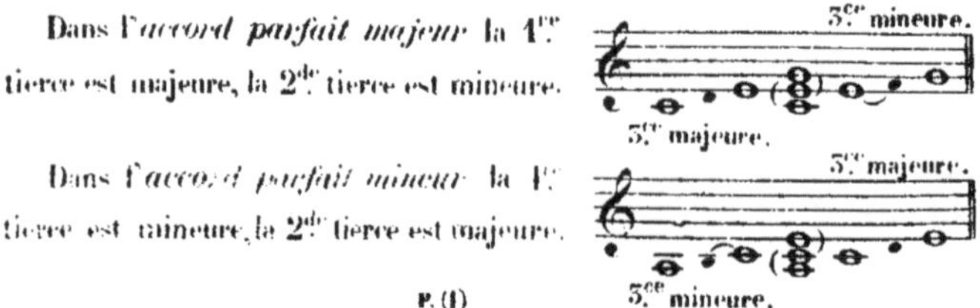

P. (I)

Mais, en harmonie, tous les sons d'un même accord se comptant indistinctement sur la note de basse,(la note fondamentale,) *l'accord parfait majeur* est donc composé d'une *tierce majeure* et d'une *quinte juste* et *l'accord parfait mineur* d'une *tierce mineure* et d'une *quinte juste*.

L'accord de *quinte diminuée* est composé d'une *tierce mineure* et d'une *quinte diminuée*.

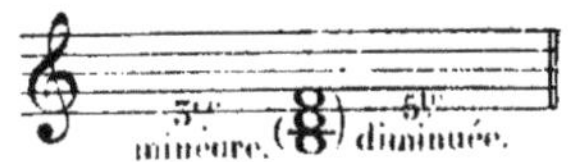

Cet accord, renfermant la consonnance attractive de quinte diminuée: *si*, *fa*, dont il vient d'être parlé, appelle à sa suite un autre accord qui permette à ces deux notes de se résoudre selon leurs tendances harmoniques.

Chacun de ces trois accords a deux renversements, c'est-à-dire peut être présenté dans un autre ordre de progression, puisqu'alternativement chaque note de l'accord fondamental sert de note de basse. Un accord n'est à l'état fondamental que lorsque toutes les notes qui le composent se succèdent par progression de tierces superposées.

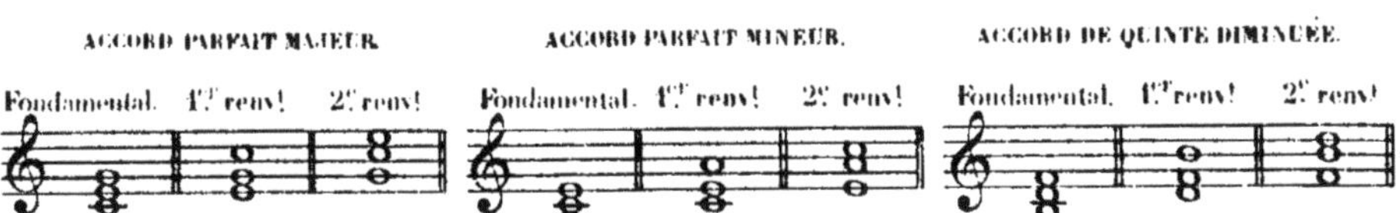

L'harmonie naturelle de la gamme d'*ut majeur* donne TROIS *accords parfaits-majeurs* placés sur les 1er 4e et 5e degrés; TROIS *accords parfaits mineurs* sur les 2e 3e et 6e degrés; et UN *accord de quinte diminuée* placé sur le 7e degré, (*note sensible*)

EXEMPLE.

(1)

On double généralement la note de basse dans l'emploi des accords parfaits majeurs ou mineurs, quelquefois aussi, mais plus rarement, dans l'accord de quinte diminuée.

---

(1) La quinte diminuée *si, fa*, plus petite d'un demi-ton que les six quintes justes formées par les six premiers degrés de la gamme modèle d'*ut*, n'a pu devenir juste à son tour qu'en élevant le *fa* ou en abaissant le *si*.

Voilà pourquoi le *fa* est le premier dièze et le *si* le premier bémol, pourquoi enfin l'ordre de succession de ces deux signes d'altération a lieu de quinte en quinte afin que le second ♯ ou le second ♭(et ainsi pour les ♯ ou ♭ qui suivent,)donne la quinte juste, sans laquelle il n'y a pas d'accord parfait possible.

HARMONIE DE GAMME MAJEURE.

L'exemple suivant présente dans le chant la succession mélodique des sons
groupés comme accords dans l'accompagnement

L'harmonie de la gamme de *la mineur* donne DEUX *accords parfaits majeurs*
placés sur les 5e et 6e degrés; DEUX *accords parfaits mineurs* sur les 1er et 4me
degrés; DEUX *accords de quinte diminuée* sur les 2e et 7e degrés. On n'obtient UN
3e *accord parfait majeur* sur le 3e degré que par l'altération ou la suppression
de la note sensible *sol ♯*.

EXEMPLE.

HARMONIE DE LA GAMME MINEURE.

L'exemple suivant présente dans le chant la succession mélodique des sons groupés
comme accords dans l'accompagnement.

H. 3213.(1) P.

L'accord de **SEPTIÈME DE DOMINANTE**, ainsi appelé parce qu'il se place sur la *dominante* (5.e degré) dans les deux modes est composé d'une *tierce majeure*, d'une *quinte juste* et d'une *septième mineure*.

Cet accord a trois renversements:

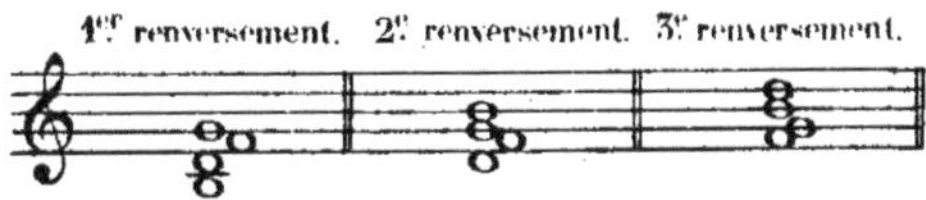

Cet accord est d'une grande richesse harmonique et d'un emploi constant dans les deux modes. Il contient la consonnance attractive *si, fa* et se résout généralement sur l'accord parfait placé sur la tonique. (On ne pouvait ici[1] entrer dans de longs développements sur les résolutions possibles de cet admirable accord.)

Le mouvement, à la basse, de la *dominante* à l'accord parfait de la *tonique*, d'un mode majeur ou mineur, que cette *dominante* porte *l'accord parfait majeur* (comme dans le 1.er exemple suivant) ou l'accord de *septième de dominante* (comme dans le 2.e exemple), s'appelle **CADENCE PARFAITE.** Cette cadence donne un sens terminé à la phrase musicale.

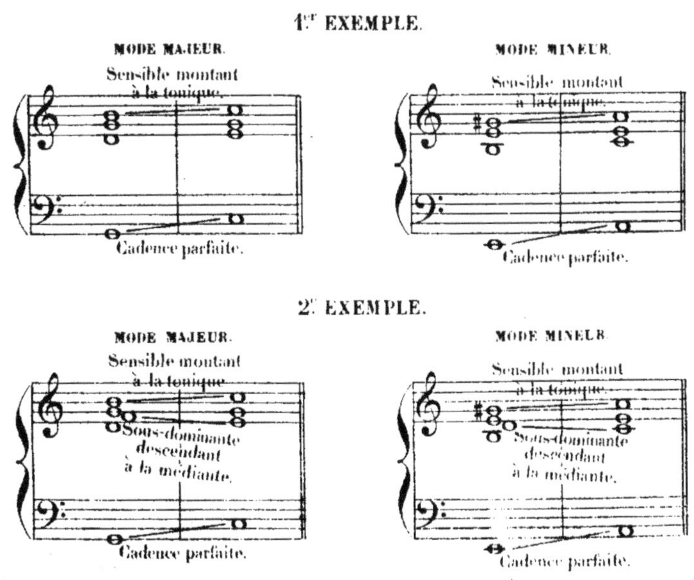

(1) Voir l'excellent traité d'harmonie de CATEL complété par Mr LEBORNE professeur de composition au Conservatoire.

CADENCE PARFAITE MODE MAJEUR.

L'exemple suivant présente dans le chant la succession mélodique des sons groupés
comme accords dans l'accompagnement.

CADENCE PARFAITE MODE MINEUR.

L'exemple suivant présente dans le chant la succession mélodique des sons groupés
comme accords dans l'accompagnement.

DES INTERVALLES MAJEURS, MINEURS ET JUSTES
ET DES INTERVALLES CONSONNANTS, ATTRACTIFS ET DISSONNANTS.

On donne aux intervalles de *seconde*, *tierce*, *sixte* et *septième* les qualifications de *majeur* et de *mineur* pour indiquer les formes diverses sous lesquelles on les rencontre dans l'ordre diatonique.

On donne à la *quarte*, à la *quinte* et à l'*octave* le nom de *justes* pour spécifier leur manière d'être particulière. Ainsi en harmonie on appelle *consonnances parfaites* la *quinte* et l'*octave*, parce qu'elles sont identiques dans les deux modes et qu'elles ne peuvent être altérées sans cesser d'être *consonnances*. En effet la *quinte* et l'*octave justes* sont immuables dans la formation des accords parfaits majeurs et mineurs.

EXEMPLE.

On ne donne le nom de *juste* à la *quarte* que parce qu'elle procède de la *quinte* dont elle est le renversement, et, en harmonie on donne également à cet intervalle le nom de *consonnance parfaite* (aussi de *consonnance mixte*) lorsqu'il est employé comme renversement de la *quinte* dans le second renversement de l'accord parfait majeur ou mineur.

EXEMPLE.

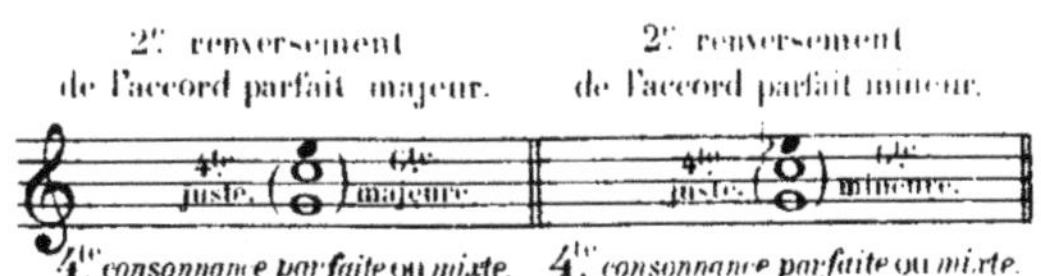

La *tierce* et la *sixte*, comme on le voit dans les deux exemples ci-dessus, changeant de nature selon le mode et pouvant être baissées d'un demi-ton, c'est-à-dire devenir *mineures* au lieu de rester *majeures*, sans cesser d'être *consonnances*, sont appelées en harmonie *consonnances imparfaites*.

Ainsi qu'il a déjà été dit, au chapitre *de la tonalité*, on donne à la *quarte augmentée* et à son renversement (la *quinte diminuée*) le nom de *consonnances attractives*. Enfin TOUS LES INTERVALLES, ou modifications d'intervalles, dont les deux sons ne forment pas une *consonnance parfaite*, *imparfaite* ou *attractive* sont appelés en harmonie *intervalles dissonants*. (Pour l'étude de l'harmonie voir le traité de CATEL, les marches d'harmonie de CHERUBINI et le grand traité de fugue et de contrepoint du même auteur)

NOTA. — La classification des intervalles, que j'ai indiquée dans cet ouvrage, est celle adoptée pour les classes du Conservatoire et la plus généralement usitée; néanmoins je dois dire que plusieurs musiciens illustres, notamment MM᷎ Fétis et Halévy en ont adopté une autre et n'emploient le mot *juste* que pour l'octave.

DES NUANCES.

Nous avons cité les principaux termes italiens employés pour indiquer le mouvement et le caractère d'un morceau. Nous allons indiquer maintenant les termes, pris également dans la langue italienne, et les signes employés pour exprimer les diverses *nuances* à apporter dans l'exécution, soit par la modification de l'intensité du son, soit par le mouvement, l'articulation, l'accentuation et l'émission du son.

Accellerando.	En accélérant le mouvement.
Allargando.	En ralentissant.
A mezza voce.	A demi-voix.
A piacere (a piac.)	A plaisir, à volonté.
A tempo primo.	En mesure, en revenant au 1ᵉʳ mouvement.
Crescendo (cresc.) ⟨	En augmentant la sonorité.
Calando.	En diminuant de force et en ralentissant.
Decrescendo (decresc.) ⟩	En décroissant.
Deciso.	Décidé.
Diminuendo (dim.)	En diminuant la sonorité et parfois le mouvement.
Dolce (dol.)	Doux.
Dolcissimo (dolciss.)	Très doux.
Forte (f)	Fort.
Fortissimo (ff)	Très fort.
Mezzo forte (mf)	Demi-fort.
Legato	Lié.
Morendo.	En laissant mourir le son
Perdendosi.	En laissant mourir le son peu à peu.
Piano (P)	Faible.
Pianissimo (PP)	Très faible.
Piano-forte (Pf)	Faible et fort successivement.
Forte-piano (fP)	Fort et faible successivement.
Rallentando (rall.)	En ralentissant le mouvement.
Religioso.	Religieux.
Ritenuto (rit.)	En retenant le mouvement.
Rinforzando (rinf.)	En renforçant la sonorité.
Smorzando (smorz.)	En éteignant insensiblement les sons.
Stretto.	Mouvement plus serré, plus rapide que celui qui précède.
Sotto voce.	A demi-voix.

Ainsi qu'on l'a vu ci-dessus le signe ⟨ indique l'augmentation progressive de la sonorité; le signe ⟩ la diminution progressive du son. Par la réunion de ces deux signes ⟨ ⟩ on indique la succession du *crescendo* et du *decrescendo* ou *diminuendo*.

(Voir les 38ᵉ et 39ᵉ tableaux, pages 44 et 45)

P.(1)

LEÇONS POUR L'ÉTUDE DES DIVERSES TONALITÉS
ET DES DIVERSES MESURES SIMPLES ET COMPOSÉES.

(Travaillez le 38ᵉ tableau.)

(1) On appelle *marche d'harmonie* une phrase mélodique se répétant symétriquement en montant ou en descendant.

diminuendo.
N.º 63.
Moderato.
(marche d'harmonie)
crescendo poco a poco.
(marche d'harmonie)
(marche d'harmonie)
crescendo.
decrescendo.
H. 3213.(1) P.

(1) Il y a *imitation* lorsqu'une partie, chant ou accompagnement, répéte le dessin mélodique commencé par une autre partie.

64
(Travaillez le 40.° tableau.)
Andantino.
N.° 65.
p
p
mf
p
mf
p
mf
p
mf
p
decrescendo. pp
Andantino
N.° 66.
mf
mf
mf
f
diminuendo.
p
p
mf
Allegretto.
N.° 67.
p
mf
(marche d'harmonie)
decrescendo.
f
decrescendo.
H.3215.(1) P.

(Travaillez le 41e. Tableau)
Andantino.
No 68.
mf
f
(marche d'harmonie)
diminuendo.
p
mf
con espress.
crescendo.
p
(marche d'harmonie)
p
mf
mf
mf
mf
p
p
p
p
H. 5245.(1) P.

Nº 69.
Moderato
mf
crescendo poco a poco.
Nº 70.
Andante.
(marche d'harmonie)
H. 5215.(1) P.

64
crescendo.
Audantino.
N.º 71.
H. 3213.(1) P.

diminuendo poco a poco.
Allegro moderato.
N.º 72.
mf
f
p
cresc:
H.3213(1) P.

La mesure à $\frac{6}{4}$ est une mesure composée se battant à 2 temps, dérivant de la mesure simple marquée ₵, soit une ronde pointée pour la mesure entière, une blanche pointée ou trois noires pour chacun des temps.

EXEMPLE.

(Voir le 42e tableau, page 48.)

(Travaillez le 42e Tableau.)

Andantino.

N°. 73.

(1) Soignez bien la justesse d'intonation de cette *tierce diminuée, ut ♮, mi ♭.*

H. 5213(1) P.

67
Andantino
Nº 74.
mf
p
mf
p
mf
f
crescendo. poco a poco.
f
(marche d'harmonie)
decrescendo.
rallentando.
mf
p
mf
mf
f
mf
f
H.3213.1 P.

DES REPRISES, DU RENVOI.

Comme on l'a vu par tous les tableaux et toutes les leçons qui précèdent, la fin d'un morceau s'indique par deux barres perpendiculaires, ainsi :

On peut également séparer par ces deux mêmes barres les parties principales d'un morceau, ainsi :   Si une (ou plusieurs) de ces diverses parties doit être répétée deux fois, on indique cette répétition par deux points placés auprès des deux barres, ainsi :

Si dans l'enchaînement d'une phrase musicale avec la phrase suivante, il y a une modification mélodique, on l'indique ainsi :   dans ce cas on exécute, en premier lieu, la reprise en entier jusqu'aux deux points, et en second lieu, la reprise moins celles des mesures marquées, comme appartenant exclusivement à la 1.re fois de la reprise, et l'on passe aussitôt à la mesure marquée 2.e fois.

Le *renvoi* est un signe dont voici les figures les plus usitées   Ce signe avertit que dès qu'il apparaîtra une seconde fois, on devra de suite revenir à l'endroit où on l'avait d'abord rencontré   On accompagne parfois ce signe du mot italien *da capo* et par abréviation *D.C.*

Da Capo al segno signifie qu'il faut reprendre au renvoi marqué.

H. 5215.(1) P.

69
2de Fois.
Andantino con moto.
No 76.
Fin.
diminuendo e rallentando
D.C.
al segno
Moderato.
No 77.
H. 3213.(1) P.

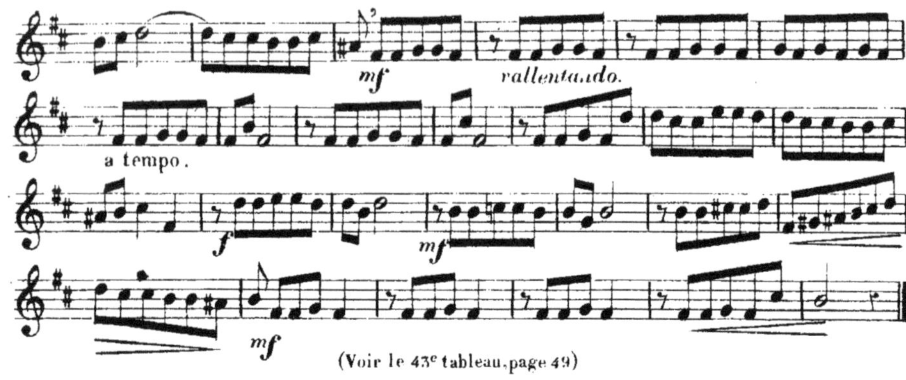

mf
rallentando.
a tempo.
f
mf
mf

(Voir le 43e tableau, page 49)

LEÇONS SUR LA MESURE À $\frac{9}{8}$

(Après l'étude du 43e tableau)

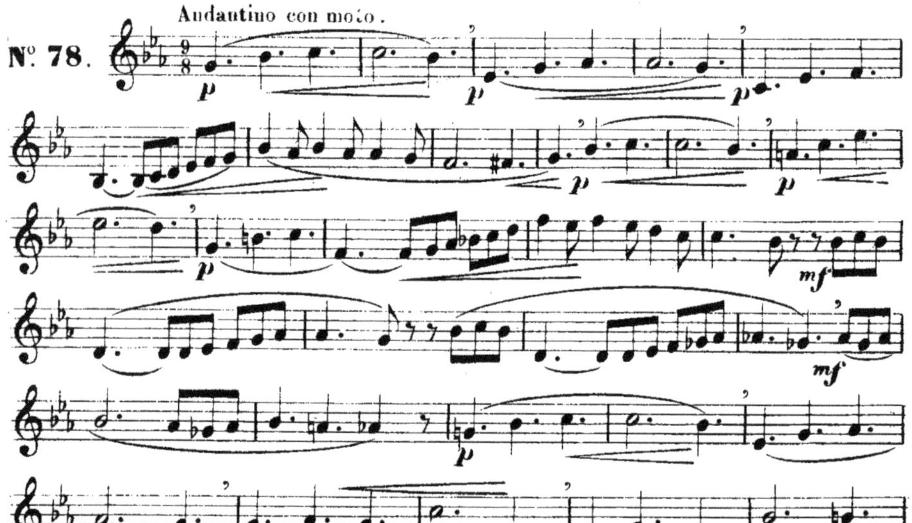
Andantino con moto.
No. 78.
p
mf

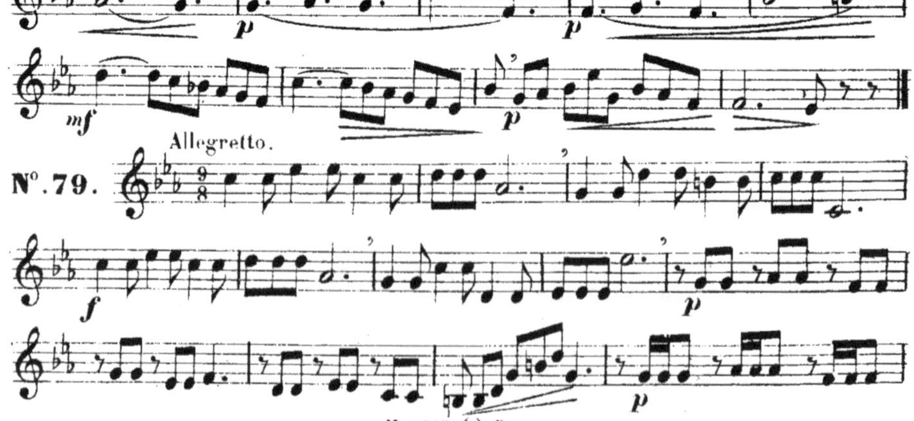
Allegretto.
No. 79.
f
p

N°. 80.
Allegretto.
mf
f
p
mf
mf
mf
f
mf
rall:
mf
f
mf
mf

Larghetto.
N.º 81.
LEÇONS SUR LA MESURE A 3/8
Allegretto.
N.º 82.
H. 3215. (1) P.

Allegretto ma non troppo.
N° 83.
decrescendo.
H . 5213.(1) P

Moderato.
Nº 84.
Moderato, tempo di marcia.
Nº 85.
H. 3213.(1) P.

p
p
p
mf
p
p
mf
p
p
pp
(Voir le 44e tableau page 50)
LEÇONS SUR LA MESURE À 12/8.
Allegretto.
Après l'étude du 44e tableau.
N.° 86.
f
mf
mf
p
(marche d'harmonie)
mf
f
f
f
f
f
mf
f
f

Allegretto ma non troppo.
N.° 87.
f
p
mf
f
f
mf
p
mf
p
mf
p
mf
f
f
f
f
f
f
f
f
p
f
ff
f

DE L'ENHARMONIE

DES NOTES SYNONYMES OU ENHARMONIQUES.

Dans l'étude de la gamme chromatique et des chromatiques ascendantes et descendantes, on a vu que la distance d'un ton, qui existe entre *ut* et *ré*, *ré* et *mi*, etc: se trouve partagée par une note intermédiaire qui prend alternativement le nom d'*ut* ♯ ou de *ré* ♭, de *ré* ♯ ou de *mi* ♭, etc: La différence d'un *comma* qui sépare réellement le *ré* ♭ de l'*ut* ♯ est si petite que ces deux sons se confondent presque. Leur ressemblance devient complète sur le piano où, d'après la manière, dite à *tempérament*, d'accorder cet instrument, le ton est divisé en *deux demi-tons égaux* ce qui fait que l'*ut* ♯ ou le *ré* ♭, le *ré* ♯ ou le *mi* ♭, etc: se prennent sur la même touche. On donne à ces notes dont le nom est différent, mais dont les deux sons ont une si grande analogie le nom de notes *synonymes ou enharmoniques*. Enfin on appelle *enharmonie* le passage d'une note à sa synonyme.

LEÇONS POUR L'ÉTUDE DES NOTES SYNONYMES OU ENHARMONIQUES.

Il y a également notes synonymes ou enharmoniques entre *mi* ♮ et *fa* ♭, *mi* ♯ et *fa* ♮, *si* ♮ et *ut* ♭, *si* ♯ et *ut* ♮, qui se prennent au piano sur des touches blanches au lieu de se prendre sur des touches noires comme les notes enharmoniques de l'exemple précédent, comme entre toutes le notes que l'on peut obtenir avec des doubles dièzes ou des doubles bémols.

DES GENRES.

On considère trois genres différents en musique: *le genre diatonique, le genre chromatique* et *le genre enharmonique*. Le genre diatonique se dit d'un morceau composé seulement de notes diatoniques. Le genre chromatique s'applique à un morceau composé de notes diatoniques et chromatiques. Le genre enharmonique est le caractère d'un morceau ou d'un passage où l'on passe d'une note à sa synonyme.

DES TONS ENHARMONIQUES.

On appelle *tons enharmoniques* les tons formés par deux gammes dont les sons sont semblables et qui ne diffèrent entre elles que par l'appellation de la note.

Dans les 15 tons formés par les diverses armures EX: { 1 ton modèle avec rien à la clef / 7 tons avec des dièzes à la clef / 7 tons avec des bémols à la clef } il y a trois tons majeurs enharmoniques { 1°. *si* ♯ et *ut* ♭: / 2°. *fa* ♯ et *sol* ♭: / 3°. *ut* ♯ et *ré* ♭: }

total 15

et naturellement trois tons mineurs enharmoniques qui sont les relatifs des trois tons majeurs.

Au Piano, le doigté de ces différentes gammes étant le même, le nombre des gammes se trouve réduit dans les méthodes pour cet instrument, à 12 gammes majeures et 12 gammes mineures au lieu de 15 de chaque mode.

L'armure de deux tons enharmoniques ou synonymes forme toujours le nombre 12.

EX: Si♮ maj: 5 ♯ | Fa ♯ maj: 6 ♯ | Ut ♯ maj: 7 ♯ | Sol ♯ min: 5 ♯ | Ré ♯ min: 6 ♯ | La ♯ min: 7 ♯
Ut ♭ maj 7 ♭ | Sol ♭ maj: 6 ♭ | Ré ♭ maj: 5 ♭ | La ♭ min: 7 ♭ | Mi ♭ min: 6 ♭ | Si ♭ min: 5 ♭

MESURE À $\frac{3}{2}$, LEÇON EN SOL ♭ MAJEUR.

La mesure à $\frac{3}{2}$, qui est parfois usitée encore est une mesure simple à trois temps, soit une ronde pointée pour la mesure entière, une blanche ou deux noires pour chacun des temps. La seule mesure simple à trois temps, constamment employée, est la mesure à $\frac{3}{4}$

La mesure à $\frac{3}{2}$ est un $\frac{3}{4}$ doublé comme la mesure à $\frac{3}{8}$ est un $\frac{3}{4}$ réduit de moitié.

Même leçon écrite dans le ton enharmonique de fa♯

DIVISION DES VOIX.

Les voix se divisent en 7 espèces: quatre voix d'hommes: la *Basse*, le *Baryton*, le *Ténor*, le 1.ᵉʳ *Ténor* ou *Haute-Contre*, et trois de femmes ou d'enfants: le *Contralto*, le *Mezzo-Soprano* ou 2.ᵈ *Dessus*, le *Soprano* ou 1.ᵉʳ *Dessus*.

On écrivait autrefois chacune de ces voix sur une clef particulière. Maintenant toutes les voix de femmes ou d'enfants s'écrivent sur la *clef de sol* ou sur la *clef d'ut* 1.ʳᵉ *ligne*, le Ténor, 1.ᵉʳ ou 2.ᵈ, sur la *clef de sol* ou sur la *clef d'ut* 4.ᵉ *ligne*; la Basse et le Baryton ne s'écrivent que sur la *clef de fa* 4.ᵉ *ligne*.

La clef de *fa* 4.ᵉ ligne et la clef de *sol* sont les seules employées pour écrire toute l'échelle musicale dans les instruments ayant une grande étendue comme le Piano, la Harpe et l'Orgue.

Pour marquer plus lisiblement un passage aigu qui exigerait un grand nombre de lignes supplémentaires, on écrit ce passage une octave plus bas et on le surmonte d'un 8.ª A la suite de ce 8.ª on met de petits points pendant toute la durée de ce qui doit être exécuté à l'octave supérieure. Lorsque les notes reprennent leur place régulière, on l'indique en mettant sur la 1.ʳᵉ de ces notes le mot italien *loco* (en place)

EXEMPLE.

Pour un passage grave qui exigerait un grand nombre de lignes supplémentaires, on écrit ce passage une octave plus haut et l'on met au dessous 8.ª *bassa*. Le mot *loco* indique toujours que les notes reprennent leur place ordinaire.

EXEMPLE.

On appelle ce signe..... *ligne d'octave.*

(Voir le 45.ᵉ tableau, page 51)

ÉTUDE DE LA CLEF DE **FA** 4ᵐᵉ LIGNE

(Après l'étude du 45ᵉ tableau)

LEÇON - EXERCICE

POUR ÉTUDIER LA SIMILITUDE MÉLODIQUE DE TOUTES LES GAMMES MAJEURES
ET DES CONSONNANCES ATTRACTIVES DE CE MODE.

(55ᵉ leçon transcrite en clef de FA.)

LEÇON - EXERCICE

POUR ÉTUDIER LA SIMILITUDE MÉLODIQUE DE TOUTES LES GAMMES MINEURES
ET DES CONSONNANCES ATTRACTIVES DE CE MODE

(54ᵉ leçon transcrite en clef de FA)

MI b MINEUR.
MI b MINEUR.
FA b MINEUR.
SI b MINEUR.
SI b MINEUR.
UT b MINEUR.
LEÇONS SUR LA CLEF DE FA
(Après l'étude des 46e et 47e tableaux)
Moderato.
N°. 92.

Allegretto.

Nº 93.

Nº 94 Allegretto.

Moderato.
N.º 95.
Moderato.
N.º 96.

Moderato.
N° 97.

Moderato.
Nº 98.

Allegro moderato.

N.º 99.

Andantino.

N.º 100.

DE LA MESURE À CINQ TEMPS.

Cette mesure est très rarement employée, pourtant j'ai cru devoir en donner un tableau.

BOIELDIEU a trouvé avec cette mesure une de ses plus délicieuses inspirations dans l'allegro, *déjà la nuit, déjà la nuit plus sombre*, de la cavatine: *Viens gentille dame*, 2.ͤ acte de la *Dame Blanche*.

La mesure à cinq temps est formée d'une mesure à trois temps et d'une mesure à deux temps qui se suivent et alternent constamment.

Il y a plusieurs manières de battre cette mesure.

La plus usitée est de battre une fois trois temps et une fois deux comme dans les mesures à trois et à deux temps ordinaires.

Dans cette mesure, le 1.ᵉʳ et le 4.ᵉ temps sont forts, les 2.ᵉ 3.ᵉ et 5.ᵉ sont faibles. L'accentuation de ces deux temps forts correspond donc au 1.ᵉʳ temps de chacune des mesures à trois et à deux temps, dont la mesure à cinq temps est formée.

Elle se compose d'une noire, ou deux croches, pour chacun des temps et de cinq noires pour la mesure entière.

La mesure composée de cette mesure à $\frac{5}{4}$ serait la mesure à $\frac{15}{8}$ qui aurait une noire pointée, ou trois croches, pour chacun des temps et cinq noires pointées pour la mesure entière.

(Voir le 48.ᵉ tableau, page 56)

PETITES NOTES DITES APPOGIATURES SIMPLES ET DOUBLES,
GROUPETTO, MORDANT, TRILLES OU CADENCES.

Le mot *appogiature* vient du verbe italien *appogiare* qui veut dire appuyer.

Les appogiatures se placent généralement sur les temps forts ou sur la partie forte du temps.

Les appogiatures, ne faisant point partie des accords et étant au contraire placées comme dissonnances au dessous ou au dessus d'une note essentielle de l'harmonie, s'écrivaient toujours autrefois en *petites notes*. Beaucoup de compositeurs les écrivent maintenant en grosses notes, afin qu'elles soient exécutées comme ils le désirent.

L'appogiature inférieure est placée à une seconde mineure au dessous de la note essentielle.

L'appogiature supérieure peut être placée à une seconde mineure ou majeure de la note essentielle. Les appogiatures, inférieures ou supérieures, empruntent ce qui suit la moitié de leur valeur.

On doit donc retirer à la note essentielle autant de valeur qu'on en donne à l'appogiature.

Lorsqu'une petite ligne traverse l'appogiature cela indique que cette petite note doit être brisée et n'avoir qu'une valeur très brève.

Le *groupetto* est formé de la réunion des deux appogiatures et de la note essentielle; on l'indique par ce signe ∾.

Le *mordant* est formé par la réunion de la note essentielle avec une des deux appogiatures.

Le *trille*, formé par une note essentielle et son appogiature supérieure, consiste à passer rapidement d'une note à l'autre; on l'indique par ce signe *tr*.

Le trille peut être préparé par l'appogiature inférieure ou supérieure; il se termine généralement par l'appogiature inférieure.

EXEMPLE.

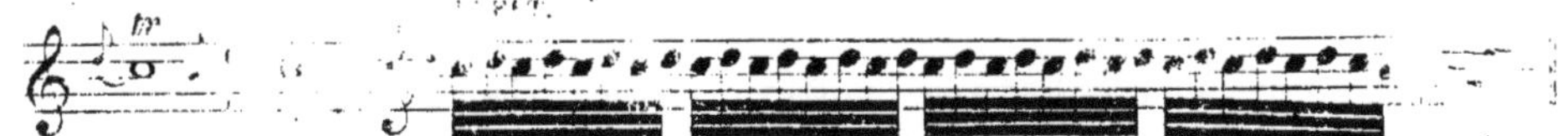

Le trille s'employant souvent au moment où la phrase musicale fait une cadence a pris également le nom de cadence du mot italien *cadenza*, mais c'est une expression défectueuse.

(Voir le 49.º tableau, page 57 où se trouvent présentées toutes les petites notes et leur réalisation, et pour plus de détails, la petite méthode de chant de M.ᵐᵉ **CINTI-DAMOREAU**.)

DES CLEFS ET DE LEURS DIVERSES POSITIONS

Je n'ai employé dans ce solfége que la *clef de sol 2.ᵉ ligne* et la *clef de fa 4.ᵉ ligne* qui sont maintenant les plus, ou pourrait presque dire, les seules usitées. L'élève trouvera dans d'autres ouvrages et notamment dans les deux derniers solféges de **CHERUBINI** des leçons sur chacune des diverses clefs; je ne saurais trop l'engager à les travailler.

Ces clefs sont non seulement utiles mais indispensables à l'éducation d'un artiste, elles sont d'un usage constant, forcé, toutes les fois que l'on veut lire la partition ou transposer, c'est à dire lire ou écrire un morceau dans un autre ton.

Les trois clefs de SOL, UT et FA se placent sur différentes lignes et elles donnent leur nom aux notes placées sur les mêmes lignes qu'elles.

La clef de SOL se place sur la 1.ʳᵉ et sur la 2.ᵉ ligne.

EXEMPLE.

H.

La clef d'UT se place sur les quatre premières lignes.

EXEMPLE.

La clef de FA se place sur la 5 et sur la 4.e ligne.

EXEMPLE.

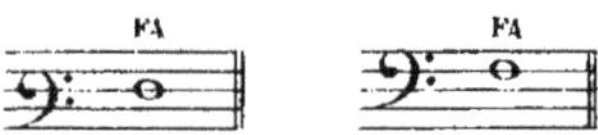

La clef de *sol* 1.re ligne formant double emploi, *comme appellation de notes*, avec la clef de *fa* 4.e ligne a été abandonnée.

EXEMPLE.

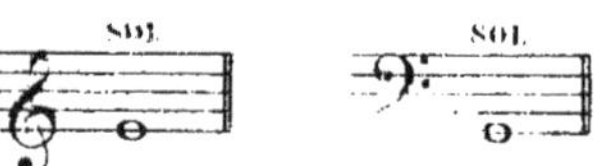

Ce n'est en effet que par l'appellation que ces deux clefs sont semblables, car les notes de la clef de *sol* 1.re ligne s'exécutent *deux octaves* plus haut que celles de la clef de *fa* 4.e ligne. Dans toutes les partitions de RAMEAU, je ne cite que cet auteur, les 1.ers violons sont écrits sur la clef de *sol* 1.re ligne.

En résumé il y a trois clefs donnant sept positions (autant que de noms de notes et de différentes voix) et équivalant par conséquent à sept clefs différentes.

J'ai indiqué au chapitre **DES VOIX** la classification des différentes voix d'hommes, de femmes ou d'enfants. Je vais indiquer maintenant sur quelles clefs on écrivait autrefois ces différentes voix.

Basse ou *Basse-taille* clef de *fa* 4.e ligne.
Baryton ou *Concordant* clef de *fa* 3.e ligne.
Ténor ou *Taille* clef d'*ut* 4. ligne.
Haute-contre ou 1.er *Ténor* et *Contr'alto* clef d'*ut* 3. ligne.

OBSERVATION — Les deux voix rares de *Haute-contre* (voix d'homme) et de *Contr'alto* (voix de femme) chantent dans la même région de l'échelle musicale bien que par le timbre particulier de chacune de ces voix la *Haute-contre* paraisse très aiguë et le *Contr'alto* très grave.

Mezzo-Soprano ou 2.^d *Dessus* clef d'*ut* 2.e ligne.
Soprano ou 1.er *Dessus* clef d'*ut* 1.re ligne ou clef de *sol* 2.e ligne.

Maintenant on écrit la *Basse* et le *Baryton* sur la clef de *fa* 4.e ligne, et les autres voix sur la clef de *sol* 2.e ligne. Pourtant, dans les grandes partitions, on écrit encore le *Ténor* 1.er ou 2.^d sur la clef d'*ut* 4.e ligne et toutes les voix de femmes ou d'enfants sur la clef d'*ut* 1.re ligne.

Les hommes chantent une octave plus bas que les voix de femmes.

Les femmes ou enfants chantent une octave plus haut que les voix d'hommes.

Le 50.e tableau fera connaître le rapport des différentes voix entre elles.

(Voir le 50.e et dernier tableau, page 58, suivi du clavier du Piano)

——— FIN ———